{ The Coder Habits }

—

Los 39 hábitos del programador profesional

—

Rafael Gómez Blanes

2019

Primera edición - Octubre de 2019 - #01#

Rafael Gómez Blanes - Copyright © 2019

Todos los derechos reservados

The Coder Habits: Los 39 Hábitos del Programador Profesional

www.rafablanes.com

ISBN: 9781701848368

A mis padres, hermana y mis hijas, Luna y Beatriz

A mi pareja

A todos mis compañeros de Solid Stack

Índice

{ Introducción }..7

{ #1 - Aplica la regla 50/50 }..........................15

{ #2 - Aprende cada semana algo nuevo }............19

{ #3 - Conoce y utiliza correctamente estructuras de datos y algoritmos }................................22

{ #4 - No cometas el mismo error dos veces }...........................25

{ #5 - Escribe código legible }..........................28

{ #6 - Empieza por lo más difícil (o lo que te da más pereza) }.....31

{ #7 - Teclea fluidamente }..........................34

{ #8 - Termina lo que comienza }..........................36

{ #9 - Aplica principios de diseño y patrones }.........................40

{ #10 - No implementes características no solicitadas }.............43

{ #11 - Implementa código modular y flexible }.........................46

{ #12 - Desarrolla las «soft-skills» }..........................49

{ #13 - Comentar lo imprescindible }..........................52

{ #14 - Lleva a cabo un control de versiones exhaustivo }...........54

{ #15 - Ante cada nuevo proyecto, hazte estas preguntas }........57

{ #16 - Utiliza el editor productivamente }..........................61

{ #17 - Trabaja productivamente }..........................64

{ #18 - Evita el sobrediseño }......................................70

{ #19 - Productiviza }...73

{ #20 - Escribe código traceable }............................77

{ #21 - Evita un entorno caótico para trabajar }............79

{ #22 - Sé une experto sobre prácticas de código limpio y refactorings }..83

{ #23 - Reutiliza partes de tus propios proyectos }...........86

{ #24 - Escribe código homogéneo }.........................89

{ #25 - Trabaja concentrado }..................................92

{ #26 - Identifica los «bad smells» }............................95

{ #27 - Trabaja en proyectos personales }.................97

{ #28 - Testea hasta la saciedad y evita el «happy path» }.........101

{ #29 - Hazte experto solo en algunas algunas áreas }..............104

{ #30 - Lee, continuamente }...................................107

{ #31 - Comienza por lo que aporta más valor }...........111

{ #32 - No fomentes islas de conocimiento }.............113

{ #33 - Lee proyectos realizados por otros }...............115

{ #34 - Trabaja siempre en tareas planificadas }...........117

{ #35 - Piensa y trabaja para el cliente }...................120

{ #36 - Invierte en tu formación }.............................122

{ #37 - Aplica la mejora continua }............................124

{ #38 - Cuida de los detalles }.................................127

{ #39 - Aprende a ser criticado } 129

{ Para terminar } 132

{ El autor } 134

{ Bibliografía } 139

{ Otros trabajos de Rafael Gómez Blanes } 142

{ Introducción }

—

Si tuviese que reducir de algún modo la razón por la que a unas personas les va mejor que a otras, en lo personal y en lo profesional, diría que lo que marca la diferencia entre ellas son sus hábitos.

Hábitos en cuanto a salud, financieros, relacionados con sus relaciones y también hasta su propio diálogo mental interior. Y, cómo no, también sus hábitos profesionales.

Puesto que soy ingeniero informático y programador y trabajo en la industria del software desde hace más de lo que recuerdo, quiero que me acompañes por las siguientes páginas y que aprendas qué distingue a los mejores profesionales y a aquellos que obtienen mejores resultados que el resto.

He reflexionado mucho sobre este tema para llegar a la conclusión de que un buen profesional, lo es porque suma indiscutibles habilidades técnicas con necesarios hábitos y rutinas en su día a día y en su forma de entender su profesión.

Así es, te puedes considerar un gran programador, pero si no te acompañan otras habilidades (más de las que puedes imaginar en un principio) y que te comento en este trabajo, te estás poniendo tú mismo obstáculos en tu carrera y capacidad de progreso.

Desde el primer borrador de este libro, he cotejado mis conclusiones con la mayoría de mis experiencias (buenas y malas), tan solo para confirmarlas con mayor vehemencia y convicción.

Un hábito consiste en realizar un tipo de tarea que has interiorizado de tal modo que, sencillamente, la haces de forma automática, y lo que es aún mejor, sin esfuerzo.

Suma hábitos positivos, y la vida te irá bien, vive con hábitos negativos, y tendrás muchos más problemas: en lo personal y en lo profesional.

Yo apenas confío en la fuerza de voluntad; esta fuerza, si es que existe, tan ensalzada y de la que siempre se habla como motor vital para realizar todo lo importante, apenas dura un rato cada día; digamos que cada mañana, cuando suena la alarma del despertador y ves la primera luz del día por la ventana de tu habitación, comenzamos la jornada con una cantidad muy limitada de eso que llaman «fuerza de voluntad». De ahí que siempre se aconseje hacer las tareas que menos nos gustan o las más pesadas, por la mañana, cuando aún no la hemos agotado.

No vas a tener éxito con una fuerza de voluntad de hierro, sea lo que sea lo que tú consideres como éxito. Es mejor, y más fácil, coleccionar hábitos positivos que te dirijan directamente a él y eliminar los negativos. Deja a un lado la fuerza de voluntad y delega en los hábitos.

Sencillo, pero no fácil.

Por alguna razón, en este momento de mi vida, me resulta sencillo madrugar para practicar yoga antes de comenzar mi jornada laboral, escribir mis tareas en una lista cada mañana, salir a caminar una hora a diario, escribir un mínimo de mil palabras al día, hacer tests como algo natural en mi trabajo y dedicar horas a planificar y organizar. Hace muchos años, todas esas actividades, que son sin duda positivas y deseables, las hacía con esfuerzo, ahora las hago sin más. ¿Por qué? Porque he conseguido que sean hábitos.

Me he pasado unos años estudiando todo lo relacionado con ellos, quizá intuyuendo que ahí estaba la clave para alcanzar una vida mejor en todo sus ámbitos, con lecturas maravillosas que incluyo en la bibliografía. Todos los autores que escriben sobre el tema, coinciden en que son una herramienta fabulosa de nuestro cerebro para ahorrar energía, ni más ni menos.

Si lo piensas, tiene todo el sentido del mundo: cuando realizas una tarea repetidamente, una y otra vez, nuestro cerebro termina por guardar en algún lugar profundo de su interior las instrucciones para realizarla, hasta que llega el momento en que esa tarea que antes la hacíamos con esfuerzo, ahora la hacemos casi sin pestañear y de forma automática.

Piénsalo: A mí me costó mucho aprender a conducir, al año, ya conducía perfectamente. Lo mismo ocurre con cualquier actividad o destreza de cierta dificultad que requiere de repetición para hacerla cada vez mejor, desde tocar un instrumento, dibujar, cocinar hasta tareas más peregrinas como colgar un cuadro o pintar una pared. Y también programar y realizar un proyecto software.

Así es, se pueden incorporar hábitos en el día a día que nos van a permitir programar mejor y mejorar como profesionales.

He escrito mucho acerca de por qué fracasan los proyectos software, tema que recogí en «El Libro Negro del Programador» (número uno Amazon en ventas en su categoría en numerosas ocasiones), también acerca de las buenas prácticas que deben acompañar a un programador profesional para escribir código mantenible y de calidad en «El Libro Práctico del Programador Ágil», y hasta he sintetizado en un método sencillo una forma ágil de sistematizar el funcionamiento, explotación y mejora de un proyecto o negocio, con «El Método Lean MP».

Al mismo tiempo, observo cómo algunos programadores hacen bien, con profesionalidad y casi de forma natural, lo que a otros les cuesta el triple de esfuerzo sin apenas rozar la calidad de los primeros.

Si sientes que te estás esforzando continuamente en tu día a día como programador, que tus resultados son mediocres o que deberían mejorar, y que por alguna razón tu desempeño es bajo y el código que produces es de una calidad dudosa, mientras que conoces algún compañero que parece bendecido por una mano mágica y al que todo le sale bien, entonces tengo una buena noticia para ti: no te falta inteligencia, tampoco debes trabajar el doble (ni siquiera leer más artículos técnicos únicamente), lo que te diferencia de esa otra persona son sus hábitos (técnicos y de otra naturaleza que te describo en este libro) y que, a diferencia de los tuyos, son mucho mejores. Punto.

Escribir buen software no es solo una cuestión de saber programar bien, no es solo una cuestión técnica. Como en cualquier otra actividad, todo lo que gira alrededor de este trabajo impacta en él, desde una buena organización, un entorno adecuado, dinámicas de grupo positivas, buenas lecturas y una actitud de mejora continua.

A continuación describo lo que he descubierto y las conclusiones a las que he llegado después de pensar mucho acerca del tema: un conjunto de 39 hábitos que, si los incorporas a tu día a día como profesional, marcarán un antes y un después y te llevarán a crear software de mejor calidad, completar los proyectos de una forma mucho mejor y ser mucho mejor profesional, de eso no tengo la menor duda.

Considera estos hábitos como auténticas píldoras de sabiduría que te conducirán al siguiente nivel. Algunos de ellos están relacionados con cuestiones técnicas, aunque, aproximadamente la mitad, son rutinas y actitudes que impactan tanto o más en tu trabajo, y algunos te van a sorprender.

Además, me he propuesto no abusar de tu tiempo, de modo que cada hábito está descrito de la forma más sencilla y rápida posible, yendo al grano directamente pero dando pie a crear en ti la semilla de la curiosidad para que, si lo deseas, puedas profundizar más en los que más te interesen. Para ello, también comparto mi bibliografía preferida al final del libro.

Esto es lo que te propongo: multiplica tus resultados como profesional con mucho menos esfuerzo. ¿Cómo?

Con más y mejores hábitos.

{ #1 - Aplica la regla 50/50 }

—

Creemos que programar consiste en pasar todo el tiempo en escribir código «nuevo». Esto es, que solo trabajamos «de verdad» cuando añadimos nueva funcionalidad y características, que es, quizá, lo más divertido para muchos. Esa es la creencia algo ingenua de quien todavía no ha comprendido la naturaleza de sacar un proyecto profesional adelante.

Sobre cualquier código se va a pasar más tiempo revisándolo y modificándolo que el tiempo que se dedicó a escribirlo inicialmente, de modo que, probablemente, aquello que te salió al principio tendrá poco que ver con su estado en los próximos meses.

He observado lo siguiente: cuando tienes poca experiencia, tratas de pasar la mayor parte del tiempo escribiendo código nuevo; en cambio, cuantos más años llevas en la profesión, desarrollas el gusto y el placer de pasar más tiempo mejorando aspectos de la solución. Curioso, pero tiene su explicación.

Si no dejas de añadir nuevo código y no te paras a asentar y perfeccionar lo anterior, estás cometiendo un error y, sin duda, dejarás atrás mucha deuda técnica que te pasará factura tarde o temprano. La «deuda técnica» son todos aquellos «debes» que tienes que mejorar y aquello que no está del todo bien (seas consciente o no de esos defectos). A medida que se acumula más y más deuda técnica, el esfuerzo de trabajar en el proyecto es cada vez mayor, de hecho, esa dificultad crece exponencialmente.

Yo lo denomino la «regla 50/50», un modo de describir que debemos pasar la mitad del tiempo programando código nuevo (en forma de nueva funcionalidad y sus tests) y la otra mitad revisándolo y mejorándolo (en limpieza y en diseño). Ambas actividades forman parte de lo que denominamos «programar». Este porcentaje es una aproximación, claro está, aunque lo importante a recalcar es que hay que dedicar tiempo a mejorar y refactorizar, continuamente, y este trabajo es ineludible de nuestro día a día.

Es cierto que por lo general trabajamos bajo unas fechas de entrega y con cierta metodología de desarrollo que impone unos tiempos y las características a añadir y modificar, de modo que es frecuente que la presión nos obligue a añadir funcionalidad y dejar de lado cualquier cosa que suponga mejorar lo que ya hay. Pero hacer esto corriendo y a cualquier precio, puede suponer un tiro en el propio pie.

Debemos alcanzar un equilibrio entre ambas actividades y las fechas de entrega comprometidas, y también debemos comprender que cualquier tiempo empleado en mejorar en algún aspecto lo que ya hay y que funciona, supondrá más facilidad de incorporar nueva funcionalidad y menor tiempo para ello, de modo que mejorar el código y su diseño es, al final, una inversión y no un gasto.

En lo posible, es una buena idea dedicar algo de esfuerzo a ese trabajo de mejora al inicio de una nueva fase de desarrollo o «sprint», como forma de limpiar y preparar un poco el camino para la nueva funcionalidad a incorporar.

Además, realizar activamente ese trabajo de mejora, te permitirá pulir al máximo el código y llegar hasta un punto en el que está todo tan bien diseñado y programado, que, con el tiempo, aprendes ciertas pautas de modo que tu código inicial va siendo cada vez mejor; te impides este aprendizaje cuando no dedicas tiempo a pensar qué mejorar y cómo, sino tan solo a corregir bugs y manteniendo petrificado ese código inicial porque piensas que «invertiste demasiado tiempo en él», y que modificarlo supondría tirar parte de ese esfuerzo a la basura. Nada más lejos de la realidad.

Mejorar continuamente el proyecto es un buen hábito que te facilitará y mejorará tu vida como desarrollador.

Te preguntrás que si tocas continuamente el código para mejorarlo, ¿qué te asegura que todo sigue funcionando correctamente? Con una batería amplia de tests, unitarios, de integración, etc. No hay más. Evidente, pero, ¿lo practicas?

Si te descubres con algo de tiempo ocioso, no tienes ganas

de leer nada nuevo, ¿qué hacer? Una micromejora, añadir más y mejores tests, etc. Siempre hay algo que mejorar en un proyecto software.

Piensa qué ocurriría si acumulas en el proyecto unas cien micromejoras durante unas semanas y miles en unos meses.

{ #2 - Aprende cada semana algo nuevo }

—

Si no progresas, es que retrocedes. No hay más.

Quizá te sientas cómodo haciendo exactamente lo mismo un año tras otro: trabajando en el mismo tipo de proyectos, implementando siempre el mismo tipo de solución, con el mismo entorno y con el mismo lenguaje.

Siento decirte que ese entorno y ese lenguaje, sean los que sean, estarán obsoletos antes de lo que te imaginas; no en vano, la industria del software es de las más dinámicas que existen precisamente porque toda la economía está migrando a lo digital, si es que no lo ha hecho ya. Y no hablo de webs estáticas tipo folleto publicitario, sino tecnologías que antes eran muy caras y que hoy día están al alcance de cualquiera (como todos los servicios que suministran las plataformas de computación en la nube), soluciones antes propietarias y caras y que ahora están abiertas para ser usadas a un precio competitivo, nuevos entornos de programación con propósitos muy específicos y que dan lugar a nuevas profesiones como científico de datos, analista de «big data», analista de seguridad, etc.

Ahora puedes vender un proyecto propio en todo el

mundo en multitud de «marketplaces» y «stores» y si no sabes hacer algo tan solo puedes echar un vistazo a un proyecto parecido publicado en GitHub.

Si piensas que toda esa ola no te va a afectar en los próximos diez años de tu carrera profesional, puede que tengas un planteamiento algo ingenuo del sector.

Sí, todavía hay por ahí entornos en donde se sigue usando VBA, Delphi y Objective C, pero esto es más la excepción que confirma la regla.

Nuestra profesión nos exige, quizá mucho más que otras, aprender continuamente y dejar atrás conocimientos que ya no sirven, y no solo cuestiones técnicas, según tu rol, también hay que mejorar en habilidades personales, gestión de equipos y liderazgo, mejora en la comunicación, en marketing, promoción y no sé cuantas cosas más.

Puede parecer abrumador, aunque en realidad consiste más en un trabajo continuo y el mantener una actitud de eterno principiante deseando aprender. Tan solo tienes que tener el hábito de leer un artículo por aquí y por allá, revisar la «newsletter» que recibes de aquellos servicios a los que estás suscrito para estar más al día de los temas que te interesen, leer un libro de calidad cada cierto tiempo, etc.

Además, nunca la información y el aprendizaje han sido tan baratos como ahora.

No creo que el profesional que en cinco año haya leído miles de artículos, cientos de libros, que ha asistido a decenas de seminarios y webminars, y que ha trabajado en diez proyectos diferentes, sea el mismo que el que no ha hecho nada de eso. El primero progresará y multiplicará su empleabilidad, el segundo..., pues bien, que vaya comprando la lotería de navidad y que tenga mucha suerte (R.I.P.).

{ #3 - Conoce y utiliza correctamente estructuras de datos y algoritmos }

—

Programar, en esencia, consiste en manipular datos de un modo u otro: datos que se almacenan en una base de datos o en cualquier otro tipo de repositorio, que se analizan y manipulan para obtener un resultado (lógica de negocio), que se estructuran de forma que aporten cierto valor, etc. En definitiva, a nivel muy básico, siempre hay un conjunto de datos sobre los que se aplica algún tipo de algoritmo.

Sin embargo, y lejos de cualquier teoría académica, es habitual encontrar aplicaciones que realizan una gestión de sus entidades de datos de forma plana y aplican algún tipo de lógica demasiado secuencial, esto es, sus entidades de datos carecen de estructura y su procesamiento se basa en un «if» esto, entonces, lo otro, «if» esto otro, entonces aquello...

El arte de la programación consiste por lo general en reducir los problemas a resolver en estructuras de datos clásicas y algoritmos bien conocidos que se aplican sobre ellos. Sorprende su ausencia clara en muchas aplicaciones.

No en vano, ya en 1976, Niklaus Wirth escribió un libro

que se convirtió en una referencia en el sector incipiente de la industria del software y de título «Algorithms + Data Structures = Programs».

El problema está en que solemos programar sin intentar encajar lo que tenemos que resolver en estructuras de datos y algoritmos que los manipulan; en ese sentido, reinventamos la rueda y resolvemos los problemas como primero se nos ocurre.

Por poner unos ejemplos, en ocasiones se utiliza un «array» cuando en realidad hay que usar una lista o un tipo de datos «stack» o colas «fifo» o «lifo», identificadores únicos que te encargas tú de generar cuando en realidad se podría usar un «hash», aplicar un «for...lo que sea» para comprobar que no hay elementos repetidos en una lista cuando debes usar un tipo «set único», del mismo modo, te complicas la vida para averiguar los elementos comunes en dos «sets» cuando en realidad se trata tan solo de aplicar la unión de ambos, y un largo etcétera.

Colas de prioridad, listas clave / valor, árboles, grafos, diccionarios, pilas, árboles binarios y muchas más, son tan solo algunas de las estructuras de datos que deben estar en tu vocabulario habitual.

Asimismo, algoritmos de búsqueda lineal o binaria, de ordenación como («mergesort», «quicksort», etc.), búsqueda en profundidad (o DFS), «string pattern matching», «map / reduce» y otros tantos, son algoritmos que no existen como simple capricho académico, sino que ayudan en realidad a resolver los problemas típicos de computación, estés desarrollando un ERP, un portal web, un juego o cualquier otra cosa que se te ocurra.

Es cierto que muchas aplicaciones consisten en un simple CRUD (del inglés, «crear, leer, actualizar y borrar datos»): interfaz de usuario, algo de lógica de negocio y una base de datos para insertar, eliminar o extraer información; pero muchas otras, se pueden resolver mejor aplicando las estructuras de datos y algoritmos adecuados.

Por favor, no te inventes tu propio método de ordenación, de búsqueda, de validación de cadenas, de encriptación, etc. Aprende las bases de esta industria y solo plantea algo nuevo cuando tengas entre manos algo realmente particular.

Tienes dos arrays con identificadores de cadenas, y necesitas extraer los que aparecen en los dos. Quizá te pones a iterar primero entre uno y después sobre el otro pero... La respuesta al problema no es más que la intersección de dos conjuntos. Si en la resolución de problemas «piensas» desde la base de estructuras de datos y algoritmos clásicos, muchos se resolverán más fácil y elegantemente.

{ #4 - No cometas el mismo error dos veces }

—

Errores cometemos todos continuamente; lo que puede diferenciar a unos y a otros es quien tropieza con la misma piedra una y otra vez (lo que es un síntoma de tozudez) y quienes se proponen activamente aprender ante cada error, problema u obstáculo.

Lo primero coincide con un carácter orgulloso (créeme, esto es un lastre en tu crecimiento personal y profesional) y lo segundo está siempre relacionado con una personalidad humilde y con más capacidad de aprender y de mejorar. Elige qué actitud prefieres tener.

A mí no me importa equivocarme, es más, quien me conoce bien, sabe que admito siempre aquello que no ha funcionado correctamente. Pero lo que no admito es equivocarme una segunda vez en lo mismo y hago lo posible por evitarlo.

Como desarrolladores de software, tenemos muchas posibilidades de cometer errores: deficiencias en el diseño, elección de malas librerías, ineficiente gestión de versiones y de la configuración, mal reparto de tareas, subestimación de tiempo, scripts difíciles de mantener, proyectos imposibles de migrar a otros entornos, hasta mala elección de compañeros de trabajo, etc., vale, paro porque me estoy deprimiendo.

Convertirse en mejor profesional no consiste en programar más y más y en entornos diferentes aprendiendo una nueva tecnología cada mes sin profundizar en ninguna (lo que denomino «diletantismo tecnológico»). Un concepto mal aprendido lo vas a aplicar mal siempre, en cualquier entorno y con cualquier tecnología. Es más inteligente hacer el humilde ejercicio de reconocer qué no hacemos bien y averiguar qué podemos hacer para evitarlo en el futuro.

Si sabes lo mismo que hace unos años, si haces las cosas del mismo modo y si hasta utilizas el mismo «tooling», entonces te has convertido en un profesional petrificado y con menos posibilidades de mejorar y prosperar. Que nadie diga que no te lo advirtieron.

Si en más de un proyecto se te presentan los mismos problemas, si casi nunca puedes llegar a las fechas comprometidas con el cliente, si nunca despliegas en producción sin producirse errores críticos y si trabajas en un equipo en donde el estrés es crónico, entonces es que tienes temas pendientes por aprender (tú y probablemente también tu jefe). Lo lamentable es creer que todo ese caos es parte consustancial a nuestra actividad. Hay quien piensa convencido que si no se trabaja con estrés y con una montaña de problemas, entonces es que algo no va bien en la empresa. Penoso.

Se puede llegar con comodidad a las fechas límite, se puede poner en producción un proyecto impecable y estable y sin errores, y también se puede trabajar en un equipo bien organizado, con una buena planificación y sin estrés; lo único que te falta saber es el cómo.

Ante cualquier error, pregúntate siempre: ¿Por qué se ha producido? ¿Qué puedo hacer para evitar que ese mismo error se vuelva a producir?

Haz esto cien veces ante cien problemas diferentes y el profesional en el que te convertirás ni lo imaginas.

En eso consiste precisamente la mejora continua.

Yo suelo realizar «retrospectivas» cuando alcanzo un hito de algún tipo y trato de estar siempre atento a que los problemas que me surjan, siempre sean nuevos. A mí, por lo menos, esta táctica me ha funcionado y quizá por eso soy capaz en ocasiones de anticipar problemas cuando veo ciertas circunstancias sutiles, tanto técnicas como de dinámicas de grupo y de relaciones con clientes.

No es cuestión de edad o experiencia, sino de haber aprendido de ellas.

{ #5 - Escribe código legible }

—

Tengo que reconocer que desarrollar un programa básico, de cualquier tipo y en cualquier entorno, lo puede aprender a hacer cualquiera en tan solo un curso de unas horas, con o sin experiencia previa.

Escribir software es, en esencia, solucionar problemas. Cada clase, cada método de ella, o cada función en lenguajes no orientados a objetos, resuelven «algo» y tienen un propósito claro.

La habilidad consiste en resolver ese problema de una forma sencilla y, sobre todo, legible, esto es, fácil de comprender por cualquiera que retome ese trozo de código más adelante.

Sencillo, pero no fácil.

Un buen hábito, sí, pero que se nos olvida sobre todo cuando nos apremian las fechas de entrega (o nos da cierta pereza pararnos un poco a mejorar esto o aquello).

Es extraño que haya quienes escriben código de una forma enrevesada y complicada adrede, quizá intentando demostrar de un modo infantil sus habilidades y pericia técnicas e inflar su ego, cuando, en realidad, se trata justo de lo contrario, y no me cabe la menor duda: lo difícil consiste en encontrar ya no solo una solución sencilla a un problema, sino expresarla de forma igual de sencilla, y, por tanto, más legible.

Siempre digo que escribir software consiste en un acto de compañerismo y generosidad en cada línea de código: lo que estás programando ahora, muy probablemente lo retomará un compañero en un futuro cercano. ¿Por qué hacerle la vida complicada a la gente?

Es más, serás tú mismo el que en algún momento tenga que volver a ese método que has expresado de forma algo sucia y difícil de comprender, de forma que, el perjudicado eres tú mismo, porque vas a tardar mucho más tiempo y esfuerzo en retomarlo.

¿La solución? Esforzarte en que lo que programas se pueda entender fácilmente, incluso a costa de escribir en ocasiones código con algo menos de rendimiento.

Si publicas repositorios en GitHub, van a tener más éxito en tanto que éstos puedan ser leídos, asumidos y evolucionados por otra gente.

Es posible que tengas mucha experiencia programando y que tengas en la cabeza una gran cantidad de trucos que te salen sin más (split('-').join('')), pero recuerda siempre escribir código no para ti, sino para que sea comprendido mejor por otros.

Código más legible es también código más mantenible.

¿Cómo escribir con más sencillez y transparencia? Para ello están las técnicas de código limipio, refactorings, la detección de los «bad smells» que seguro conoces, pero, sobre todo, mucha, muchísima experiencia en diferentes proyectos y mucho trabajo y esfuerzo para mejorar continuamente el trabajo realizado.

{ #6 - Empieza por lo más difícil (o lo que te da más pereza) }

—

Programar, escribir, planificar y organizar, y cualquier otra tarea creativa, requiere de una mente bien centrada y motivada. Solemos procrastinar aquellas tareas que menos ganas tenemos de hacer (pero que tenemos que realizar de todos modos) y relegarlas hasta el último momento; retrasar lo inevitable puede que esté bien o que hasta te lo puedas permitir, pero sin duda, si se trata de una tarea difícil o que no te motiva en absoluto, vas a tener un ronroneo mental continuo y pesado recordándote lo que aún te queda pendiente.

Ese recordatorio continuo es molesto, y lo que es peor, va a lastrar tu concentración y tu motivación en el momento actual. A mí me pasa a comienzos de cada trimestre cuando debo reunir la documentación para las presentaciones de impuestos y otras obligaciones con el fisco, y también cuando tengo pendiente cubrir de tests un módulo que terminé hace ya unas semanas, por poner unos ejemplos.

Por esta razón, en lugar de retrasar lo que de todos modos debes hacer, muchas técnicas de productividad aconsejan quitarse de en medio cuanto antes aquellos tipos de tareas que nos pesan. Cuando se terminan, ahhh, qué alivio, ahora sí que puedes afrontar las que más te gustan.

Yo llevo años haciéndolo, esto es, comienzo cada mañana creando una lista de tareas para todo el día (laborales, personales y hasta domésticos), y siempre (o para ser sincero, casi siempre), empiezo realizando las que menos me gustan para después poderme centrar en aquellas que más me estimulan o que importan más.

Pero cuidado, más adelante hablaremos sobre el mejor momento del día para realizar lo más importante, de modo que siempre habrá que encontrar un equilibrio entre quitarte de encima lo que menos te gusta y el momento adecuado para realizarlo.

Otra táctica consiste en hacer el día antes aquello que te desagrada para estar «limpio» y trabajar más despejado al día siguiente. Haz limpieza (es una metáfora) de vez en cuando y trabaja sin ningún ronroneo mental molesto.

Tus metas a largo plazo tienes que reducirlas a objetivos a medio plazo y, éstos, los tienes que desglosar en tareas que realizar cada día. Es así de sencillo, pero requiere de una gran disciplina y de evitar querer hacer en todo momento «lo que más nos gusta».

Ese documento que se te resiste, la reunión que espera tu jefe, aquellos tests que has dejado a medio hacer, ese refactoring de una clase muy sucia que terminaste la semana pasada, ese otro informe que te pide tu manager o aquellos documentos técnicos que te han pedido los de ofertas... Sea lo que sea, cuantas menos tareas ingratas tengas pendientes, más y mejor te podrás concentrar y más tranquilo realizarás tu trabajo, lo que se traducirá sin duda en mejores decisiones de diseño, código de mejor calidad y con menos errores y menor deuda técnica.

Si quieres aumentar tu productividad y concentración, termina primero todo aquello que menos te apasiona.

{ #7 - Teclea fluidamente }

—

Me causa cierto azoramiento tener que escribir sobre este punto, pero a veces te tienen que recordar hasta lo más obvio.

Recuerdo con cariño a un antiguo jefe que tardaba más de diez minutos en redactar un correo de tres párrafos y que terminaba cada día con la vista agotada...

Como informáticos y programadores, pasamos gran parte de nuestro tiempo trabajando sobre un teclado (qué sorpresa). Ahora te animo a que hagas un ejercicio de investigación y observes tan pronto como puedas cómo tus compañeros teclean, y responde tú mismo a estas preguntas:

¿Teclean rápido?

¿Hay quien pasa demasiado tiempo desplazando la mano continuamente del ratón al teclado y al revés?

¿Hay incluso quien mueve su vista cada dos por tres del teclado al monitor y de éste de nuevo al teclado?

No me lo digas, por favor, pero... ¿hay quien teclea utilizando únicamente sus dos dedos índice?

Y por último, ¿te sientes identificado con alguna de las preguntas anteriores?

Perdona si es que te sientes algo molesto, tan solo te estoy señalando algo importante.

Si no sabes teclear correctamente, tu trabajo está siendo lastrado en lo más esencial, ya que tardarás mucho más en escribir y cometerás tantos errores tipográficos que la tecla «del» será la que más utilices.

Yo en esto tuve suerte porque con trece años, un verano en que me aburría muchísimo, convencí a mi madre para que me apuntara a clases de mecanografía (y en esa misma academia comencé a tener contacto con los primeros computadores de uso doméstico, anteriores a la era del PC). Quizá por eso, después de utilizar desde entonces ordenadores, aún no necesito gafas.

Tienes que aprender a usar un teclado con todos los dedos de las dos manos (o casi todos). Ya te avisé antes de que esto es demasiado obvio, pero pregúntate si tus nociones de mecanografía son las correctas.

Si no es así, realiza un curso rápido y te aseguro que en tan solo un mes estarás mirando únicamente la pantalla del ordenador y maravillándote de que puedes escribir tan rápido como hablas al multiplicar tu PPM (pulsaciones por minuto). Un nivel excelente consiste en poder escribir entre 60 y 70 palabras por minuto. Con 50 ya perteneces al 10% de los mejores.

En serio, por obvio que parezca, es importante que utilices correctamente tu teclado, y no hablo solo de atajos del sistema operativo o del editor de texto, sino de unos mínimos fundamentos de mecanografía.

{ #8 - Termina lo que comienza }

—

Este es otro de los hábitos que se puede aplicar tanto a lo personal como a lo profesional.

En muchas ocasiones nos planteamos objetivos, retos y metas, pero no llegamos a ningún punto porque nos desalentamos ante la primera dificultad, falta de tiempo o de motivación.

Nuestra mente es demasiado optimista e ignora el camino de dificultades que entraña cualquier proyecto medianamente complejo. Piénsalo de este modo: si no hubiese dificultades, algún otro ya habría hecho lo que te propones.

He descubierto por mi propia experiencia que si te propones terminar aquello que decidiste comenzar un día, en el camino aprenderás mucho más de lo que imaginabas. No en vano, se repite hasta la saciedad aquello de que lo importante no es el resultado, sino el proceso. Nos enamoramos de lo primero, sin darnos cuenta de que en lo segundo está la esencia de cualquier avance, personal y profesional. No hace falta saberlo todo para arrancar, comienza ya y aprende lo que necesites por el camino.

Hace muchos años comenzaba muchos proyectos software

y de emprendimiento digital. La mayoría no los terminaba. Es más, no llegaba ni al diez por ciento de su desarrollo. Con el tiempo comprendí que me faltaba compromiso. Ni más, ni menos.

Pero también entendí que llegar al final era lo que realmente me aportaba conocimiento, pulía aún más mi tenacidad y enriquecía mis conocimientos técnicos. Dejar lo que fuese a medias, me sumía en una gran frustración personal y bajaba mi autoestima varios grados.

No dejes a medias esa batería de tests que tienes que realizar, ese refactoring importante que sabes que tienes que hacer o esa documentación que sabes que es mejorable; no ignores un problema porque se te presente difícil, comprende que en superar la dificultad está la posibilidad de aprender a superarla. Olvida la palabra «problema» y considérala como una «situación que necesita de una solución creativa», también ignora el mismo concepto de «fracaso», míralo más bien como un resultado mejorable y con el que has aprendido mucho.

Si te decantas siempre por lo más fácil, nunca aprenderás lo importante.

Opino que no hay ni mejores ni peores profesionales, tan solo personas que decidimos en su día enfrentarnos a más problemas o quizá, quedarnos en esa zona de confort conocida y segura. En ambos casos, está bien, aunque cada opción tiene sus ventajas e inconvenientes.

Sin embargo, debes saber que cuanto mayor es el reto, mayor también la recompensa.

He aprendido más de aquellos problemas que me causaban una auténtica dificultad que aquellos que a los pocos minutos ya tenía claro cómo resolverlos. Si aún no te has dado cuenta, nos convertimos en mejores profesionales resolviendo obstáculos y superando las dificultades (para eso nos pagan, en realidad), pero para ello hay que llegar al final. Deja de tener unos y otros y te convertirás pronto en un dinosaurio tecnológico.

Si aún no lo entiendes es porque todavía no has disfrutado de esa sensación de haber conseguido tus objetivos y no has degustado ese placer del trabajo bien hecho: nada más gratificante que las palabras amables de un cliente satisfecho con tu trabajo, un correo de agradecimiento de alguien que ha leído tus libros a miles de kilómetros de distancia o la petición de alguien en GitHub de un cambio porque quiere usar uno de tus repositorios.

Si no funciona, si no obtienes el reconocimiento, la rentabilidad o la recompensa que esperabas de ese proyecto que hiciste con tanta ilusión y esfuerzo, está bien. Forma parte del juego. Lo que más importa es esa actitud de llegar al final.

Después, observa qué pasa.

Creo que leí que el autor de Candy Crush, antes de tener éxito con este juego millonario, publicó más de cincuenta.

Cumple tus compromisos profesionales y llega al final en tus proyectos personales. En el camino está la riqueza que necesitas para mejorar como profesional.

Y si nos ponemos algo místicos, los tanatólogos dicen que algo de lo que se arrepienten muchos moribundos es precisamente de eso, «no haberlo intentado».

{ #9 - Aplica principios de diseño y patrones }

—

El desarrollo de software, como cualquier otra industria con cierta madurez, ha avanzado con el análisis de muchos proyectos fallidos y la conclusión de que el software monolítico es imposible de evolucionar y de cambiar (si no imposible, sí al menos a un coste extraordinario que lo hace inviable). Sin embargo, te encuentras con aplicaciones actuales excesivamente monolíticas realizadas por todo tipo de compañías.

Es posible hacer un programa de cualquier tipo y que funcione, como yo mismo me puedo construir una casita sin tener ni idea de arquitectura y apenas unas nociones de albañilería; pero quizá, las paredes de esa casa aguanten tan solo unos meses de modo que no me atrevería a llevar allí a nadie y mucho menos dormir en ella.

Incluso en grandes entornos corporativos con facturación de muchos millones de euros, he encontrado proyectos sin pies ni cabeza, mal realizados, sucios, sin arquitectura y sin esas guías o moldes bien conocidos y que en software denominamos «principios de diseño», y tampoco en ellos he visto esas recetas sencillas pero que solucionan problemas concretos y que llamamos «patrones de diseño».

Estos principios no son un capricho académico que quedan bien en un ambiente en el que no existe la presión de fechas límites de entrega, sino que son una salvaguarda de que el código que estás escribiendo está mejor estructurado, es más entendible y, sobre todo, más fácil y flexible de cambiar, esto es, más profesional. Por si todavía no lo sabes, está en la misma naturaleza del software el ser cambiado ante la llegada de nuevos requisitos.

No importa el entorno de programación o el lenguaje que se utilice, la mayoría de estos principios y patrones de diseño se pueden aplicar en tu día a día hasta que llega el momento en el que estás tan imbuido de ellos, que los aplicas sin pensar.

S.O.L.I.D., KISS, Inyección de Dependencias, Inversión de Control y muchos más principios así como Singleton, Facade, etc. y otros tantos patrones bien conocidos y documentados, tienen que estar en tu ADN de programador, y precisamente existen para facilitarnos la vida, del mismo modo que he comentado antes cuando hablaba sobre las estructuras de datos y algoritmos bien conocidos. Tú eliges hacerte una casa por tu cuenta sin planos, sin aparejador técnico ni arquitecto, y prueba a ver qué sale.

Este es un asunto también de rentabilidad: cuanto mejor diseñado esté tu proyecto, más fácil y rápido será adaptarlo a nuevas exigencias del cliente y hasta será también más difícil introducir errores. Sin ir más lejos, un producto que diseñé y dirigí hace unos años, gracias a su buen diseño (tranquilo, también he hecho cosas muy cutres) lo hemos podido adaptar fácilmente a otros mercados, consiguiendo más clientes a un menor coste.

Te puedes tomar licencias, por supuesto: un proyecto que se va a entregar y nunca se va tocar, quizá no merezca la pena invertir demasiado en él en pulir hasta el último detalle, pero si sabes que tu proyecto debe evolucionar durante años, en ese caso sí que hay que invertir todo lo posible en un buen diseño con la implantación clara de principios de diseño.

{ #10 - No implementes características no solicitadas }

—

A muchos programadores nos gusta mucho lo que hacemos, demasiado, y hasta nos entusiasmamos cuando trabajamos en un proyecto que también nos gusta y que debemos desarrollar para un cliente. En algunos casos, sentimos tanta cercanía con éste que creemos comprender su negocio mejor que él.

La toma de requisitos es una actividad complicada; básicamente, consiste en extraer del cliente qué necesita (si es que lo sabe al 100% cuando no tiene una idea vaga de lo que quiere y cómo lo quiere), y traducir esas necesidades a un lenguaje más cercano al de los desarrolladores.

Ese paso lo debe realizar alguien que domina el contexto del cliente y que también domina el idioma que utilizamos los desarrolladores; por tanto, es una actividad en donde es fácil introducir malentendidos y requisitos que, o bien no son tan importantes para el cliente o bien se han comprendido mal. Esto forma parte también de nuestro día a día.

A día de hoy, realizar correctamente el rol de «analista funcional» sigue siendo para mí una quimera difícil de encontrar en la mayoría de las empresas de software.

Sabiendo esto, es todavía peor que sin la aprobación del cliente, se introduzcan características que ni ha solicitado ni necesita, tan solo porque «creemos» que le van a gustar o le resultarán de utilidad.

Después llega la cruda realidad: el cliente las rechaza y tú te encuentras con que has perdido demasiado tiempo implementando algo que finalmente no servirá para nada, y su coste económico asociado, claro.

En el contexto de un proyecto que se realiza para un tercero, todas las características que se implementan tienen que estar relacionadas con sus necesidades, no con lo que nosotros creemos que necesita.

Ya hay suficientes elementos que pueden provocar desviaciones en el proyecto como para que nosotros introduzcamos más.

No implementes características que el cliente no te ha solicitado explícitamente y que no has consensuado con él claramente.

Está bien la proactividad, y aquellos para los que trabajamos agradecen que les propongamos ideas o posibles soluciones y mejoras, pero hay que consensuarlas antes.

Imagina que le contratas a un albañil la ampliación de un dormitorio de tu casa, y un día vuelves del trabajo y te encuentras que te ha endosado una caseta en medio del jardín, tan solo por creía que te resultaría útil...

No coloques ladrillos donde nadie te ha pedido que los pongas.

{ #11 - Implementa código modular y flexible }

—

Cualquier aplicación se puede reducir a un conjunto de partes (módulos, librerías, componentes, etc.) que se relacionan entre ellos para ofrecer cierta funcionalidad. Si no existen esas partes bien diferenciadas, entonces hablamos de que se trata de una aplicación «monolítica» (herencia de lo primeros programas complejos que crecían y crecían secuencialmente y sin estructura), como ya hemos apuntado anteriormente.

Cuanto más pequeñas y aisladas sean cada una de esas partes que componen la solución, diremos que más «desacoplada» está, y esto no es solo bueno sino que es lo deseable.

Compruebas que tu aplicación está muy acoplada cuando cambias algo en alguna parte y automáticamente se producen errores colaterales en muchas otras de forma inesperada.

Una aplicación con un buen nivel de desacoplamiento permite que puedas trabajar en un módulo concreto sin afectar al resto, que se pueda testear más fácilmente y, si hace falta, que se pueda sustituir un módulo por una versión diferente mientras que la aplicación ni se entera, funcionando con normalidad.

Trata de que cada parte de tu aplicación viva en su propio mundo independiente, que dé servicio al resto pero sin depender de él.

Un ejemplo típico es el de una aplicación está tan ligada a un tipo de servidor de datos concreto (MySql, Oracle, PostgreSql, Sql Server, etc.) que sería imposible cambiarlo por otro (o se podría hacer pero a un coste muy alto y sin control de la cantidad de errores que saldrían).

Hay formas de evitar ese acoplamiento excesivo mediante un buen diseño pensado para intercambiar partes de la aplicación de forma independiente.

Diseñando así la solución, se permite además la reutilización de módulos de unas aplicaciones en otras. No en vano, la «componetización» de aplicaciones y la arquitectura de «microservicios» es lo que busca precisamente.

Trata de modularizar la aplicación al máximo y que cada módulo sea lo más independiente posible del resto. Sabrás si lo haces bien cuando compruebes que el esfuerzo de sustituir o modificar el tipo de bases de datos, de ORM, de mecanismo de logs, la librería de encriptación, de validación de campos o la misma lógica de negocio, es mínima.

Cuanto más larga vaya a ser la vida de una aplicación y más cambios se le esperen, más énfasis hay que poner en que su nivel de acoplamiento sea lo más bajo posible.

Te aseguro que he visto auténticos dramas por esto: sistemas que alimentaban un negocio completo pero con tal nivel de acoplamiento que hubo que rehacerlos completamente para poder seguir evolucionando con las cambios y nuevas necesidades del mismo negocio.

{ #12 - Desarrolla las «soft-skills» }

—

Un técnico no es solo un técnico, un buen profesional no es solo aquella persona que realiza bien un trabajo complejo. No creas que para ser un magnífico programador, solo tienes que... programar bien. Necesario pero del todo insuficiente. Quizá no te has dado cuenta, pero tu trabajo siempre lo realizas para otra persona (la conozcas directamente o no), es muy probable que estés integrado en un equipo con otros compañeros y que hasta tengas que asistir a reuniones con otros perfiles de tu propia compañía o con clientes.

Aunque en la bibliografía tienes libros recomendados, esta sección es un curso acelerado sobre todas esas otras habilidades que debes poseer y enriquecer para convertirte en mejor profesional. Lamentablemente, no nos hablan de ellas en nuestra etapa académica.

Como en cualquier otra profesión, interactuamos con muchas otras personas, para lo que necesitamos saber de algún modo cómo «conectar» con ellas, para ello, nada mejor que ponerse en el lugar del otro; esto es, debes tener la suficiente empatía para que tu comunicación con otras personas sea correcta y eficiente.

Debes saber comunicar bien, y no solo hablo de hacerlo de un modo educado, como si le hablaras a tu abuela a la que tanto quieres; comunicar bien consiste en ir al grano, ser correcto en las formas y en el tono, lanzar las ideas importantes al comienzo y no extenderse más de la cuenta (robando tiempo de otras personas). Estos principios los tienes que aplicar por tierra, mar y aire, quiero decir, comunica bien cuando escribes un correo, cuando hablas en público en una reunión y cuando redactas un documento para tu compañía, un compañero o para un cliente.

Del mismo modo, comunicar bien es un camino de ida y vuelta: escucha atentamente al otro, no interrumpas y también habla lo más claro posible.

He conocido buenos profesionales (en lo técnico) pero incapaces de saber trabajar en equipo. Yo siempre lo digo: es mucho mejor contar con un equipo de personas motivadas con habilidades técnicas «suficientes» pero con cultura de equipo que contar con varios gurús incapaces de trabajar juntos.

Un buen profesional sabe que trabaja en equipo, y, por tanto, trabaja «en el equipo» y «para el equipo, y esto lo hace cuando facilita el trabajo de los demás, cuando no se convierte en una isla interesada de información, cuando es activo en las reuniones y apoya a un compañero cuando lo necesita.

Este es el mayor reto que tiene un responsable: saber

crear un equipo de personas homogéneo y compenetrado.

También te conviertes en mejor profesional cuando no eres obstinado con tus opiniones e ideas, sino que estás abierto a oír las de los demás y hasta cambiar de opinión tantas veces como haga falta, también cuando sabes que no es necesario trabajar muchas más horas, sino hacerlo creativamente, y que se resuelven los problemas con creatividad e imaginación (¿te consideras una persona con esas dos habilidades?).

En definitiva, un profesional trabaja a nivel personal todas esas actitudes, aptitudes y capacidades («soft skills») que permiten al final que su trabajo técnico fluya muchísimo mejor.

Adivina con quién se trabaja mejor, ¿con alguien que comunica bien, que sabe escuchar, que ayuda siempre, que aporta ideas constructivamente y que trabaja bien en equipo o con alguien que es todo lo contrario?

Cultiva las «soft skills» como parte de tu desarrollo profesional.

{ #13 - Comentar lo imprescindible }

—

Un código que tiene que ser acompañado de una gran cantidad de comentarios, es muy probable que sea un código difícil de entender. Si fuese sencillo, no necesitaría ser explicado mediante comentarios.

Tenemos que tender a escribir software lo más autodescriptivo posible, y recurrir a la inclusión de comentarios o notas lo mínimo posible y de forma muy puntual. La mejor forma en entender una pieza de código es... leyéndola.

Esto es como sacar de la caja un mueble del Ikea y encontrarte con una guía de montaje de veinte páginas; ya sabes que no va a ser tan trivial como pensabas.

Hay formas de añadir información y hacer entender el código «desde el mismo código»: eligiendo correctamente los nombres de variables, clases y métodos, creando funciones con un nombre apropiado y que hacen algún cálculo específico pero no sencillo de comprender al principio, hacer siempre clases más bien pequeñas y con una funcionalidad muy acotada, y, por supuesto, hacer tests.

Así es, porque la implementación de tests no solo sirve

para asegurarte que el software funciona correctamente (al menos, en todo lo que es probado), también sirven como forma de documentar una determinada funcionalidad. ¿Qué es lo que hace exactamente un método? Vas a los tests asociados y lo comprenderás rápidamente.

Peor aún cuando en lugar de comentarios te encuentras código muerto aislado con los mismos símbolos que utilizas en tu entorno para crear comentarios. Te preguntas si ese trozo de código es importante, y qué hace ahí, si será un error.

No dejes código muerto comentado, y trata de escribir el menor número posible de comentarios que explican qué hace algo.

Solo es admisible la propia documentación del proyecto software (descripción de métodos, APIs, etc.).

Imagina que estás leyendo una novela y que sobre el texto aparecen las anotaciones del autor, los subrayados indicando algo importante, los tachones, secciones anuladas con un garabato... Lo pillas, ¿no? Es exactamente lo mismo tratándose de software.

Código que necesita ser excesivamente comentado equivale a código difícil de entender.

{ #14 - Lleva a cabo un control de versiones exhaustivo }

—

Me temo que uno de los mayores problemas que tenemos los desarrolladores de software es controlar qué hay desplegado exactamente en un cliente, qué cambios suponen una nueva versión para ese mismo proyecto y trazar con claridad qué diferencia de la versión 2.4.3 a la 2.5.0, por poner un ejemplo. Aunque, en realidad, no es más que una cuestión de disciplina y de establecer bien en el equipo cómo se hará ese trabajo de trazabilidad.

En ocasiones no se hace una gestión correcta de versiones porque esta tarea la vemos como una actividad extra que nos aleja de lo que creemos que es más importante: añadir nueva funcionalidad; pero, al igual que la realización de tests, también forma parte de eso que llamamos «programar».

Recientemente está más de moda que nunca todo lo relacionado con DevOps, que, de cierta manera, viene a facilitar toda esa tarea, pero me temo que esto no es lo habitual en la mayoría de las organizaciones.

El control de versiones es un verdadero quebradero de cabeza si no se gestiona correctamente; tan solo hay que mirar los «issues» de muchos proyectos populares de

GitHub cada vez que se hace una gran actualización del proyecto. No en vano, recuerdo un departamento de la compañía para la que trabajé mis primeros diez años como profesional y que vivía en un caos absoluto porque no controlaban qué versiones de qué productos (firmware de dispositivos de control) estaban desplegados en qué clientes. Multiplica las versiones por decenas de proyectos desplegados en veinte países diferentes y tienes un pase asegurado para volverte loco.

La «gestión de la configuración» existe para algo. Debes controlar con exhaustividad los cambios que se producen en un producto de una versión a otra o las modificaciones de un proyecto ad-hoc con su próxima versión a desplegar. También, si es necesario, cómo volver a una versión a la anterior (lo que se denomina «software downgrade»).

A menudo se ignora que este control de versiones supone un coste extra que hay que añadir al esfuerzo para el desarrollo de la nueva versión o los nuevos requisitos. Prueba a no tenerlo: el coste final será mayor.

Evita problemas y cuida tu salud mental. Lleva a cabo un control de versiones pulcro y con todo lujo de detalles. Este esfuerzo bien merecerá la pena.

Gran parte de los errores que se suelen producir cuando se actualiza un proyecto, sobre todo si tiene dependencias de terceros, se basan en esta mala gestión de versiones.

En realidad, el asunto es relativamente sencillo, pero exige mucha disciplina, puesta en marcha de un entorno de preproducción serio y de documentar mínimanente cada cambio. Si la organización no te da los recursos necesarios para hacerlo correctamente, es tu obligación hacerlo saber. Si te exigen resolver errores «en caliente» (en el mismo entorno de producción), ya sabes que vas por muy mal camino.

Ante un cambio de versión, por poner un ejemplo, de la 1.1.8 a la 1.2.0, establece procedimentalmente cómo afecta ese cambio al proyecto en producción. ¿Existen entidades de bases de datos que se deben actualizar? ¿Existen terceros que acceden a la API del sistema y cuyo comportamiento ha cambiado aunque sea mínimamente?

Documenta, informa y procedimenta la próxima actualización planteando cualquier escenario posible.

No llevar a cabo un control de versiones exhaustivo no es profesional.

{ #15 - Ante cada nuevo proyecto, hazte estas preguntas }

—

Es posible que en software no existan dos proyectos exactamente iguales, pero sí similares.

Cuando lleves unos años ejecutando proyectos, creando productos y hasta jugando con proyectos personales, tu experiencia bien digerida te hará ver patrones en muchos de ellos e irás desarrollando cierta intuición. Esta intuición te permite prever algunas situaciones y adelantarte a problemas sutiles que, sin esa experiencia, serían difíciles de detectar.

No te puedo demostrar positivamente que esto sea así, pero te puedo asegurar que la intuición de un profesional, basada en años de experiencias diferentes, es un gran valor.

Un desarrollador profesional no comienza a programar para un nuevo proyecto desde el día uno. A medida que aumentan tus años en el sector, aprenderás por ti mismo que esto está lejos de ser lo recomendable. Reconozco que si el proyecto nos motiva especialmente, estamos impacientes por construir algo en nuestro IDE cuanto antes.

Sin embargo, durante esa fase inicial, quizá los primeros

días tan solo, es el momento ideal para pararte un momento y pensar y analizar, tú mismo o con el equipo con el que colaboras.

¿Qué tecnologías son las más adecuadas? Tendemos a utilizar las que mejor conocemos y que, por tanto, nos resultan más fáciles, pero hay que estar un poco al día de todas las opciones del mercado para elegir mejor.

¿Qué arquitectura encaja mejor? Para un tipo de problemas y de proyectos, un tipo de arquitectura. Quizá no seas tú el responsable de decidir la arquitectura del sistema, pero tener una propuesta clara desde el principio, ayudará mucho. Recuerda también que tanto el diseño como la arquitectura son susceptibles de cambio a lo largo de la vida del proyecto.

¿Qué puedo reutilizar de otros proyectos similares? Las mejores compañías de software no comienzan un nuevo proyecto desde cero. Si han sido inteligentes, han productivizado internamente módulos o librerías que han realizado para otros proyectos. El resultado es que se ejecutan más rápido: menor coste, más rentabilidad y clientes más satisfechos porque se les entrega antes el resultado.

¿Cómo ha planteado la competencia o terceros una solución parecida? Este análisis lo he realizado a menudo ante proyectos de cierta envergadura, y aparte de haberme permitido aprender bastante sobre sectores que desconocía, me atrevo a decir que me sirvió para afinar mejor la solución final para el cliente. No en vano, durante 2019 estoy viendo la evolución de un framework corporativo que yo mismo he diseñado para una compañía de fabricación de componentes aeronáuticos con más de trescientos empleados, y lo comento tan solo para demostrar que este ejercicio de análisis del que hablo es sumamente útil (y necesario).

¿Cuál es la característica que aporta más valor al cliente? Se debe comenzar a implementar aquel requisito que más valor le da al cliente; de ese modo, se aclararán antes requerimientos relacionados y el cliente verá «algo importante» ya implementado cuanto antes, lo que hará que aumente su confianza en ti y que nunca dude de la viabilidad del proyecto.

¿Debo apoyarme en un framework ya existente? ¿En cuál?

¿Encaja utilizar como base otro proyecto software y construirlo sobre él?

¿Merecería la pena particularizar aquel proyecto parecido que hicimos hace unos años?

...

Cuanto más se pare el equipo de desarrollo en estas preguntas y otras del mismo tipo al comienzo del proyecto, más llano quedará el camino para su desarrollo y más probable de terminarlo con éxito. Aunque rectificar es de sabios, si tomas mejores decisiones al principio, menos aspectos tendrás que corregir más adelante, ganando en productividad y rentabilidad.

Evita utilizar la excusa forzada del nuevo proyecto para aprender por fin ese framework, librería o entorno que tienes ganas de utilizar desde hace tiempo. Pregúntate profesionalmente si es lo más adecuado. No trates tampoco de volver a hacerlo todo cuando en otros proyectos, propios o de open-source, existen cosas parecidas que puedes adaptar o utilizar como punto de partida.

{ #16 - Utiliza el editor productivamente }

—

Un programador pasa gran parte de sus horas de trabajo... programando, claro está, y lo hace utilizando algún IDE o editor de su preferencia, sea Sublime, Visual Studio Code, VI o VIM (sí, hay gente que los siguen usando y tan contentos), o cualquier otro.

La cuestión es que no siempre conocemos bien el editor con el que pasamos tanto tiempo y no lo sabemos utilizar productivamente.

Pregúntate si conoces en profundidad las herramientas que utilizas en tu día a día, y si las usas de la mejor forma posible.

Puede que se nos pasen horas a la semana con esos segundos que tardamos en recuperar el ratón para hacer clic en tal función (y cerrar, por ejemplo, la vista de clases de la solución), cuando en realidad existe un atajo de teclas para hacerlo de forma inmediata. Del mismo modo, puede que perdamos demasiado tiempo cuando tenemos que lanzar los tests unitarios manualmente, cuando el mismo editor de código tiene una función para esto programando algún tipo de script o macro.

Si ves que realizas la misma tarea una y otra vez y que ésta te lleva «algo de tiempo», ya tienes ahí una actividad candidata de ser automatizada. Esfuérzate en sistematizarla y ahorra horas de trabajo (y de tu vida) que no aportan nada.

Opino que un programador que utiliza eficazmente su IDE, apenas levanta del teclado sus dedos y apenas utiliza el ratón. Conoce todos los atajos para cerrar los paneles de ayuda y quedarse únicamente con el editor de texto, sabe utilizar bien las utilidades automáticas de refactorings que tienen todos los IDEs avanzados así como sus extensiones más útiles, se siente cómodo con la función multicursor, localiza los archivos que necesita con varias pulsaciones de tecla y lanza el compilador o el depurador desde el teclado, por poner unos ejemplos.

Te planteo este reto: tienes que cambiar en un mismo archivo el nombre de una variable de nombre «x» por el nuevo nombre más adecuado «y»: ¿lo harías con apenas unas pulsaciones de teclas o buscando una a una cada aparición de x? Pues eso.

Puede parecer una sandez, pero los IDEs modernos tienen una enorme cantidad de funciones para maximizar la productividad, ¿por qué no usarlas, entonces?

Dedica unos minutos al día a conocer mejor tu IDE, busca trucos que aplicar; dedicarás así más tiempo productivo a lo que importa, que es añadir funcionalidad al software en el que trabajas, mejorar algún aspecto del mismo y reforzar sus tests, entre otros.

{ #17 - Trabaja productivamente }

—

Este hábito se puede aplicar en cualquier actividad personal o profesional, pero te lo recuerdo porque si nunca te has planteado cómo hacer tu trabajo y atender a tantas tareas diferentes en el menor tiempo y esfuerzo posibles, entonces tienes un problema del que quizá no has sido consciente hasta ahora.

Las organizaciones con más éxito son las que «responden al mercado» de la forma más ágil y rápida, ejecutan los proyectos en el menor tiempo posible mejorando así la rentabilidad; del mismo modo, un buen profesional se plantea su tiempo como un recurso más bien escaso y que debe optimizar. Si trabajas por tu cuenta, ¿no suena bien que puedas hacer más en menos tiempo?

¿Trabajas para una organización donde el estrés es crónico y no se produce como algo puntual? ¿Sientes que no te da tiempo realizar todas las tareas de las que eres responsable? Esto es, ¿sientes algún tipo de caos en tu día a día?

El mejor profesional emplea técnicas de productividad, y lo cierto es que me sorprende que esto no sea una asignatura más en nuestra etapa académica. También me sorprende que algunas compañías ejecuten «tests de desempeño» a sus empleados cada cierto tiempo sin haberles dado formación ni nociones para mejorar ni la organización ni la productividad.

Ser productivo no es trabajar menos, sino mejor, dedicando la mayor parte de tu tiempo en aquello importante y que realmente aporta más valor; ser productivo es también hacer más en menos tiempo y, por tanto, nuestros resultados (personales, profesionales, técnicos y económicos) no pueden más que ser aún mejores.

En «El Libro Práctico del Programador Ágil» dedico un capítulo a este tema tan importante, además, existe una literatura muy amplia sobre esto; no obstante, aquí te doy algunos consejos más orientado a desarrolladores de software.

Esto son solo algunas muestras de lo que yo mismo hago diariamente, te las muestro por si resuenan en ti y encuentras algo de utilidad: no dejo que cualquier cliente disponga de mi tiempo llamándome al teléfono móvil en cualquier momento (les obligo así a concretar una reunión con una agenda concreta), consulto el correo dos o tres veces al día, nada más, siempre hago tareas planificadas previamente (vale, digamos, el 90% de ellas), nunca acepto una reunión improvisada convocada horas antes, no asisto a reuniones si no hay una agenda clara, tampoco dejo que duren más de una hora y siempre exijo que de cada reunión, se saquen conclusiones «accionables», si tengo algún asunto frívolo pendiente que tan solo me lleva unos minutos realizar, lo hago inmediatamente, y un largo etcétera.

¿Crees no que hay alguna diferencia entre emplear esas técnicas de productividad y no usar ninguna? Si no lo ves, sigue leyendo.

Quítate de encima cuanto antes las tareas más ingratas o que menos te motivan, de ese modo, evitarás el ronroneo mental tipo «uff, aún me queda por hacer tal cosa», tal y como hemos apuntado en uno de los hábitos de este libro.

Si estás «creando» código nuevo, hazlo por la mañana o en las primeras horas de tu jornada laboral, o cuando pienses que estás más despejado mentalmente.

Descubre si eres un «búho, alondra o colibrí» (no es un chiste), esto es, averigua cuál es tu cronotipo y trata de trabajar según él, quizá estés trabajando duro en contra de tu propio ritmo biológico y podrías obtener mejores resultados si te das cuenta de que tu propia biología te hace ser más creativo de noche. Los «búhos» se sientes más cómodos trabajando de noche, las «alondras» son madrugadoras y se sienten mejor trabajando por el mediodía, de modo que los «colibríes» (el 80% de la población) se sienten cómodos trabajando con un horario no demasiado madrugador hasta la tarde. En la bibliografía te indico un libro de Begoña Pueyo muy ilustrador sobre el tema.

Si te descubres que una misma tarea la tienes que repetir continuamente, trata de automatizarla (ejecutar tests manualmente, informes que se pueden automatizar, etc.), o incluso delegarla.

Emplea la técnica del «pomodoro» para tus sesiones de trabajo. Descansando entre tarea y tarea, se aumenta la productividad. La técnica del «pomodoro» («tomate», en italiano), es una forma estupenda de trabajar con buena concentración.

No caigas nunca en el error de trabajar continuamente preguntándote «¿y ahora qué hago a continuación?», eso es un síntoma de falta de organización y planificación. Si te haces esta pregunta, entonces deberías tener a mano una lista de tareas en algún sitio, consultar la siguiente y manos a la obra. Escribe al comienzo del día (o la tarde antes) una lista con las tareas que realizarás en esa jornada. También puedes usar la técnica de «ABCDE» para etiquetar la importancia de cada una de ellas (y, por tanto, el orden de ejecución).

Evita reuniones innecesarias; las reuniones improductivas son auténticos agujeros negros de tiempo. Por lo general, se abusa muchísimo de las reuniones como forma de trabajo.

Evita las distracciones cuando estés realizando una tarea (notificaciones en el escritorio, mensajes desde el móvil, etc.), y trata de conseguir la mayor concentración posible.

Cuando uno está muy concentrado y se distrae por cualquier cosa, tarda hasta quince o veinte minutos en volver al mismo grado de concentración. Habla con tus compañeros y llega a un acuerdo al respecto, por ejemplo indicando que no quieres ser interrumpido cuando tu botella de agua está en tal lugar de la mesa o llevas los auriculares puestos (no es broma). Lo irónico del asunto es que muchos «managers» se creen con derecho a interrumpir y, al mismo tiempo, exigen terminar las cosas para antes de ayer, ignorando que con cada interrupción aleatoria y seguramente innecesaria, le cuesta a la compañía algunos euros de rendimiento.

No leas el correo continuamente, ¿de verdad no es más que suficiente atender el correo tres o cuatro veces al día?

Si se te presenta algo que puedes hacer en menos de dos minutos, hazlo inmediatamente, como leer cualquiera de los capítulos de este libro.

Trata de planificar tu trabajo no solo para el día actual, también para la semana y para el mes, aunque sea a grandes rasgos.

Evita al máximo que cualquiera pueda contactarte por teléfono durante el tiempo en que sabes que debes estar realizando tareas; recuerda, si tú no gestionas tu tiempo, otros lo harán por ti.

Utiliza tu entorno de desarrollo de forma ágil y eficiente. Apóyate en las herramientas para hacer tu trabajo en menos tiempo y automatiza todo lo que pienses que se puede automatizar. Trabajamos con ordenadores, por si no te habías dado cuenta.

Tira del hilo y léete un buen libro de productividad profesional, como algunos de los que recomiendo en la bibliografía.

¿Quién tendrá más tiempo para sus proyectos personales o hobbies o su familia? Piénsalo, ¿quien trabaja productivamente o quien no?

Las organizaciones deben fomentar en sus equipos trabajar no solo con calidad sino con productividad.

{ #18 - Evita el sobrediseño }

—

Hay quien puede pensar que nuestro trabajo consiste en resolver problemas mediante la programación de código, pero esa idea no es cierta, por si no te has dado cuenta con lo que has leído de este libro hasta llegar aquí.

Debemos programar para solucionar algo, pero hacerlo también encontrando una solución sencilla y lo más simple posible. ¿Por qué? Porque cualquier proyecto software va a ser modificado y evolucionado tarde o temprano y, por tanto, cuanto más sencillo de entender más simple de modificar y mantener.

Cuando programamos, no solo escribimos líneas de código, también «diseñamos» (y sobre ello, también creamos una «arquitectura» donde encaja toda la solución).

Por tanto, si mantenemos simple el código, el diseño también debe mantenerse sencillo, elegante y legible. No hacerlo así implicaría que los esfuerzos que has hecho al escribir código limpio y sin deuda técnica, quedarán ofuscados por un diseño torpe y complejo innecesariamente.

Esfuérzate por crear diseños también sencillos, para lo que te pueden ayudar principios de diseño bien conocidos y que deben formar parte de tu background profesional.

Me temo que como en cualquier otra profesión, también

hay programadores vanidosos que tratan de mostrar su valía creando innecesariamente una complejidad que no aporta nada. Huye de esa actitud y lúcete encontrando soluciones y diseños sencillos a problemas complejos.

Una táctica para esto es modularizar al máximo todas las partes del proyecto, creando componentes pequeños pero muy concretos, fáciles de leer, de mantener y de encajar en una arquitectura que también evolucionará. La solución a un problema complejo se encontrará finalmente orquestando módulos y componentes más sencillos y con responsabilidades muy concretas y homogéneas.

Se suele caer en el error de crear una súper arquitectura y un súper diseño al comienzo del proyecto, cuando aún no conocemos bien todos los requisitos del mismo y menos aún cómo evolucionará en el futuro. Es cierto que algún planteamiento inicial debe haber, pero tiene que ser más bien una guía y no un corsé de hierro en donde tener que encajar a la fuerza la funcionalidad en una etapa posterior del proyecto.

No olvides que en el desarrollo ágil, el diseño va «emergiendo» a medida que el software evoluciona y es refactorizado continuamente.

Escribe código sencillo con una estructura (diseño) también lo más sencilla posible.

Por otra parte, me sorprende que aunque programemos con lenguajes orientados a objetos como C#, C++ o Java, apenas se utilicen los conceptos fundamentales de la orientación de objetos (polimosfirmo, herencia, clases abstractas, etc.). Utilízalos, son un recurso ideados en su día para resolver y modelizar mejor los problemas software.

{ #19 - Productiviza }

—

Nunca me cansaré de repetirlo: mientras que trabajar en un proyecto es realizar una solución particular para un cliente con unas necesidades específicas, llevar a cabo un producto es algo completamente diferente; consiste en abstraer una solución más general que le puede servir a más de un tipo de usuario.

¿Adivinas dónde se encuentra una mayor rentabilidad? Exacto, en el desarrollo de productos que puedan ser utilizados no por uno, sino por miles de clientes, y no en el desarrollo de proyectos realizados ad-hoc para un único cliente.

En software esto es viable y relativamente sencillo de asumir, pero requiere de ciertas habilidades para «productivizar» esa solución que estás planteando como específica para un cliente.

No se trata únicamente de adaptar «algo» para que lo puedan utilizar equis clientes, se trata de una actitud que puede marcar tu forma de encarar y enfocar tu trabajo como desarrollador de software.

Imagina que tienes que implementar una librería para gestionar un gran repositorio de ficheros para una aplicación web; puedes implementar una solución especialmente diseñada para ese proyecto, pero lo inteligente sería implementar una librería reutilizable en multitud de proyectos diferentes (pongo este ejemplo porque uno de mis últimos repositorios en NPM y GitHub es precisamente eso, un gestor de archivos, cuyo nombre lo he denominado "files-repo"). Para un nuevo proyecto web con Node en el que tenga que encarar la utilización de multitud de archivos..., utilizaré «files-repo» sin ninguna duda, ya que he «productivizado» esa característica para que sea reutilizable, tanto por mí como por otros usuarios de la comunidad de Node.

Productivizar, como ves, no se trata solo de vender productos finales a muchos clientes, puedes también productivizar partes de una solución.

Si eres capaz de aislar partes estructurales de proyectos que has realizado de modo que fácilmente los puedes reutilizar en otros, entonces has dado pasos de gigante.

A nivel de diseño, esta idea es quizá un poco sutil de captar; piensa que tienes entre manos una librería que le da servicio a un proyecto cualquiera y que te planteas publicarla en GitHub para que pueda ser aprovechada en muchos otros proyectos. ¿Acaso no crees que cambiará en algún aspecto la naturaleza de la librería? Tendrá que ser algo más generalista, estar más documentada y estar mejor cubierta por tests con un control de versiones mayor.

¿Aún no has publicado nada? ¿A qué esperas? Te aseguro

que es un gran estímulo personal y profesional, y, cuando menos te lo esperes, comenzarás a ver que hay gente en Israel, Brasil o Canadá que clonan y utilizan tu propio software en sus proyectos. ¿Existe mayor satisfacción profesional que esa?

Productivizar es lo mismo que si te encargan realizar en una web para un autor de novelas que además quiere esto y aquello, y lo que realizas no es tan solo una solución particular para ese autor, sino que lo haces de un modo que fácilmente puedes adaptar (vender) ese mismo proyecto a muchos otros autores.

Esto es una versión algo más refinada de reutilizar el mismo trabajo que ya has hecho una vez. Adivina cómo puedes rentabilizar más tu trabajo, si dedicándote a proyectos o productivizando al máximo todo lo que tocas.

Personalmente, siempre me he sentido más cómodo realizando productos en lugar de trabajar en proyectos, además por qué sé que el contacto directo con clientes finales no siempre es fácil; deja que sean otros los que lidien con éstos para adaptarles tu producto, de modo que tú te dedicas principalmente a crear, que, en mi opinión o para mi gusto, es la mejor parte y mucho más creativa y estimulante de nuestra profesión.

Crear un producto (en forma de framework, librería o solución final), requiere además de muchas más habilidades técnicas y una mayor experiencia que ejecutar un proyecto en concreto, por tanto, mejoras como profesional cuando te enfocas más en lo primero que en esto último.

Si productivizas gran parte de lo que haces, te aseguro que las cosas te irán mucho mejor.

{ #20 - Escribe código traceable }

—

Un problema habitual que tenemos los desarrolladores de software es detectar y resolver errores en el código. Casi nunca se escribe una aplicación, ni siquiera un trozo de ella, que funcione a la primera; es más, cuando decimos que «programamos», en realidad lo que queremos decir es que pasamos parte del tiempo corrigiendo errores. Forma parte consustancial de la naturaleza del software.

De modo que... errores se producen, y muchos, en cualquiera de las fases del ciclo de vida de un proyecto; si hay una buena cobertura de tests y una política de QA («quality assurance»), el número de estos bugs se reducirá.

Sin embargo, es casi inevitable que en producción (cuando ya el proyecto está dando servicio al cliente), se cuelen algunos errores inesperados y surjan en cualquier momento.

¿Y qué suele pasar? Que no hemos preparado la solución lo suficientemente bien como para que dé información de qué ha pasado, cuál ha sido el error, dónde y cuándo se ha producido: el cliente nos dice que el navegador le da un error 500 haciendo esto o aquello, o un servicio en segundo plano, de buenas a primeras deja de funcionar. Estas son situaciones típicas.

Tan importante es la gestión de los errores que incluso algunas compañías lanzan productos todavía no maduros a un pequeño sector del mercado para que los prueben (y detecten fallos, claro).

Hay que introducir en la solución una buena política de captura de errores, así como dotarla de un mecanismo para que, de producirse (y seguro que se producirán), contemos con información suficiente para depurar y resolver el problema lo antes posible.

Si en tu código sueles dejar cosas como «try { ...lo que sea... } catch(err) {}», entonces ya sabes a lo que me refiero.

Utiliza una buena y eficiente estrategia de logs, tanto en archivos como en bases de datos; es mejor dejar en ellos un exceso de información que ninguna.

Monitorizar el comportamiento a largo plazo de una aplicación que debe funcionar continuamente, es un arte en sí mismo. No te pongas piedras tú mismo en tu propio camino, enriquece la información que se registra cuando se producen errores inesperados.

{ #21 - Evita un entorno caótico para trabajar }

—

Tú eres responsable del entorno de trabajo del que te rodeas. Nadie te impone nada; no hay excusas ni quejas, tú debes rodearte de las mejores circunstancias para trabajar y hasta de los mejores compañeros que te inspiren, apoyen y motiven, y, si no puedes, tú decides si seguir ahí agobiado y estresado o buscar otra cosa.

Insisto, nadie te obliga a nada.

Como en cualquier tarea creativa, dedicar gran parte de tu jornada laboral a estar sentado delante de un ordenador, con un IDE abierto, programando o depurando, exige un entorno relativamente tranquilo y que inspire a la creación. Lo lamentable es que muchos responsables confunden «tranquilo» con «trabajar poco», y es justo lo contrario. La presión por obtener resultados positivos no es incompatible con poder trabajar en condiciones, y esto exige un entorno sosegado (al menos la mayor parte del tiempo) y una buena organización.

Demasiadas empresas configuran sus instalaciones como antiguas salas fabriles donde se producen objetos tangibles a razón de equis la hora; crear software es una actividad de otra naturaleza. Crear buen software (de calidad y mantenible), exige ya no solo buena formación, sino un entorno creativo que lo favorezca y una cultura empresarial totalmente diferente. De hecho, las compañías que más triunfan tienen en común eso: una fuerte cultura corporativa capaz de motivar a sus empleados, como Virgin, Netflix, Microsoft, Google, etc. En estas empresas, muchos trabajadores se consideran fans de las propias compañías para las que trabajan. Por algo será.

Y siento decirte esto, eres como una planta que crece tanto como la maceta donde está plantada o esos peces que crecen tanto como el tamaño de su pecera; del mismo modo, tú vas a mejorar tanto como tu entorno te lo permita. Entornos cutres, profesionales cutres, entornos abiertos y creativos... pues eso. ¿Qué hace un profesional con inquietudes de crecer y mejorar en un lugar en donde no hay oportunidad de crecimiento? Exacto, largarse tan pronto como pueda.

Si trabajar en un lugar en donde las fechas de entrega las decide alguien no técnico (pero que ha ganado no sé qué licitación), en donde el ruido de teléfonos y conversaciones de compañeros es constante, en donde parece que la creatividad solo es posible de nueve a dos y de tres a cinco, y en donde tu tiempo está a disposición de cualquiera que desee interrumpirte o está a disposición de algún otro que te puede agendar una reunión en la que poco puedes aportar, entonces estás jodido, siento decírtelo.

Puedes cobrar una nómina que te interese a final de mes, pero estás enlatado profesionalmente: limitas tu crecimiento. Poco te falta para caer en un profundo estrés y una gran crisis motivacional (algo que se producirá con más intensidad a medida que cumples años). Recuerda: si no mejoras, es que empeoras.

Si no eres capaz de cambiar ese entorno con mejores prácticas y una mejor organización, entonces debes salir de él, por ti y por tu futuro profesional.

Recuerda siempre esto: no solo trabajas para ofrecer un servicio a un tercero, tu trabajo diario es la semilla que te convertirá en un mejor profesional (técnico, manager, emprendedor o empresario).

Un buen profesional lo es no solo por sus habilidades, actitudes y experiencia, también porque sabe la importancia de trabajar en un lugar apto para desplegar tanto unas como las otras.

Echa la vista atrás tan solo del último mes: contabiliza el número de interrupciones (innecesarias) que has sufrido, la cantidad de reuniones improductivas a las que te han obligado a asistir así como el número de «asuntos críticos» que han surgido de la nada de un día para otro (y de los que tú no eres el responsable). Si todo esto es habitual en tu organización, te aseguro que estás en el sitio equivocado: te estás tragando y sufriendo la incapacidad de otros de organizar mejor el trabajo. Huye y busca un sitio donde los objetivos estén más claros y el día a día más organizado.

Solo en un entorno mejor podrás mejorar y crecer como profesional.

{ #22 - Sé une experto sobre prácticas de código limpio y refactorings }

—

No importa el entorno de programación que uses ni el lenguaje y framework con el que desarrollas tus proyectos, si nunca te han hablado de que hay que esforzarse para escribir código lo más legible posible, entonces tienes algo importante que aprender.

Puesto que se va pasar más tiempo leyendo, comprendiendo y modificando un código ya existente, éste tiene que estar escrito para facilitar esa tarea. Imagina que tienes que corregir un texto escrito con diferentes tipos de letra, sin formato y sin indentación, con tachones y comentarios por encima que te impiden comprenderlo bien. Esta misma pesadilla la vemos a diario cuando tenemos que corregir un bug o añadir una nueva característica a nuestro proyecto.

Las prácticas de código limpio («clean code») son bien conocidas desde hace mucho tiempo desde que Robert C. Martin las ordenó y describió en su libro «Código Limpio: Manual de estilo para el desarrollo ágil de software». Sin ellas, sin ninguna duda, el código que se genera es más sucio y enrevesado de comprender (y, por tanto, más costoso de modificar).

Elección correcta en los nombres de variables, indentación homogénea a lo largo de todo el proyecto, clases y métodos pequeños, de pocas líneas de código, formateo horizontal y vertical y un largo etcétera, son tan solo algunas de las recomendaciones sencillas de aplicar y que harán que tu software sea más profesional.

Recuerda que no solo escribimos para nosotros, también para los compañeros que retomarán en algún momento tu trabajo, o tú mismo dentro de un tiempo cuando tengas que recordar qué hacía esto y lo otro, de modo que no le pongas piedras en el camino a tu yo del futuro...

No es solo cuestión de escribir un código bonito y fácil de comprender (limpio), además, el diseño, esto es, la forma en que está estructurado el código y cómo se interrelacionan sus partes, también debe ser lo mejor posible. No solo escribimos código sino que también lo diseñamos (y son aspectos totalmente diferentes).

Las prácticas de «refactoring» persiguen precisamente mejorar el diseño de la solución, consiguiendo, de nuevo, mejorar la legibilidad, la comprensión, la reusabilidad y la capacidad de evolución de tu proyecto.

«Extract method», «replace temp with query», «inline temp», etc., son píldoras y recetas sencillas de aplicar y que al utilizarlas una y otra vez tienen un efecto acumulativo que hace que tu proyecto alcance un nivel profesional mayor.

Escribí «El Libro Práctico del Programador Ágil» precisamente para describir las prácticas más habituales tanto de código limpio como de «refactorings».

Un programador profesional aplica diariamente estas técnicas y continuamente hace el esfuerzo de ver qué se puede mejorar para ganar «limpieza» así como en mejorar el diseño.

{ #23 - Reutiliza partes de tus propios proyectos }

—

Seguro que alguna vez te has dado cuenta de que estás implementando algo igual o similar que ya has hecho anteriormente en otro proyecto. La implementación de un algoritmo, toda esa lógica común de gestión de usuarios, ese tipo de validaciones, esas clases para la utilización de contextos en el mismo tipo de base de datos, etc.

Vamos a ser inteligentes y no repitamos el mismo trabajo más de una vez. La productividad consiste en eso, trabajar enfocado «creando» cosas nuevas y con el menor esfuerzo posible.

Aunque «trabajemos», no nos pagan por trabajar, yo prefiero pensar que nos pagan por ser productivos y todo lo que ello conlleva.

«Productivizar» y «reutilizar» son dos caras de la misma moneda.

Trata de aislar aquella funcionalidad que implementas en un proyecto y que puede ser útil en otros; dale forma de proyecto propio (librería, módulo, framework, etc.), documéntalo y ahí lo tendrás disponible más adelante.

Para ello es necesario que sepas programar con el

concepto de «desacoplamiento» en mente, esto eso, enfocar el diseño de la aplicación como un conjunto de partes pequeñas, aisladas e independientes que se comunican y orquestan entre ellas para ejecutar una funcionalidad en concreto.

Si programas creando aplicaciones excesivamente monolíticas (y acopladas), te resultará difícil extraer de ellas cierta funcionalidad para ser reutilizada en otros proyectos.

Curiosamente, si tu compañía es de nicho, es muy posible que hagáis tipos de proyectos muy similares para clientes también parecidos o con las mismas necesidades. Si es así, es muy probable que gran parte de los proyectos tengan partes en común.

Con el tiempo, tu departamento o compañía dispondrá de un conjunto de librerías y utilidades propias listas para ser reutilizadas en nuevos proyectos y productos, reduciendo así el «time to market» (tiempo en presentar algo nuevo en el mercado), el coste a repercutir a un cliente (ganando en competividad) y aumentado la rentabilidad de todo lo que hacéis.

Algunas compañías disponen de sus propios «frameworks corporativos» en los que basan el desarrollo de la mayoría de productos.

Esta puede ser la receta para una compañía de software próspera: utiliza frameworks corporativos y propios, conoce muy bien las tecnologías que utiliza (aunque sean pocas) y dispone de varios productos que adapta rápidamente a los nuevos clientes.

Reutilizar, en definitiva.

{ #24 - Escribe código homogéneo }

—

Nada peor para la mantenibilidad de un proyecto que encontrarte en él unas clases escritas de un modo y en otro lugar escritas de un modo totalmente diferente.

Imagina que lees una novela y que cada capítulo está escrito con tipos y tamaños de letra diferentes, con un formateo desigual y con un interlineado que cambia a cada párrafo, o con estilos literarios dialmentralmente opuestos; en un libro así perderías rápidamente la atención y te resultaría difícil seguir su argumento.

Pues así es precisamente como escribimos en ocasiones el código de un proyecto, desigual en muchos de sus aspectos.

Ocurre lo mismo cuando varias personas trabajan en el mismo proyecto; en ocasiones puedes apreciar quién hizo qué. Y esto no es bueno, ya que esos diferentes estilos le quitan homogeneidad a la solución y la aleja de su facilidad de mantenimiento.

El código de una misma solución debe ser homogéneo, esto es: debe mantener el mismo tipo de formato, debe nombrar las variables del mismo modo, el espaciado entre un método y otro debe ser también igual, cada archivo debe estar estructurado de una manera similar y la organización de todos los «assets» debe ser también homogénea.

Esto no es un capricho, se hace así precisamente para que nos sea más fácil entender el proyecto y localizar dónde está cada cosa.

Por poner un ejemplo, si acuerdas con el equipo que todos los métodos privados están al final de la clase, entonces tardarás menos en localizarlos, porque sabes dónde los vas a encontrar en todas las clases del proyecto, si acuerdas también que todas las constantes están definidas en un proyecto propio de nombre "Constants", si cada método importante tiene una pequeña descripción al principio, si los tests de cada clase y método se encuentran organizados de la misma forma para todas las clases y métodos, etc., es evidente que te resultará mucho más cómodo trabajar con ese código.

Y esa «comodidad» se va a traducir en una mayor eficiencia, facilidad y ahorro de tiempo al avanzar en el proyecto.

Crear vuestra propia guía de estilo es algo que se puede hacer en menos de una hora; las ventajas de esto son incalculables.

Como en muchos aspectos del software, es sutil comprender el beneficio de cubrir correctamente pequeños detalles como estos, y, sin embargo, junto con las técnicas de código limpio, refactorings y el evitar los «code smells», todo junto tiene un efecto acumulativo que hacen tu código incomparablemente mejor que sin ellas.

En una de las ocasiones que me contrataron para realizar una «auditoría de código», encontré sin bucear demasiado todas las anti-prácticas para escribir código mantenible: variables declaradas en cualquier sitio y sin nombres homogéneos (unas estaban precedidas de '_', otras en español y otras en inglés), había clases que eran simples contenedores de funciones con funcionalidad totalmente diferente, había un exceso de comentarios por todos lados, muchísimo código muerto (código comentado), se veía claramente la mano de diferentes personas con estilos diferentes, no existía nada que oliera a «diseño», muchísimo código duplicado, muy pocos tests, etc. Te podrás imaginar la pesadilla que tenía que ser para esos desarrolladores trabajar con esa solución a la que le tenían que añadir características continuamente (y su coste económico). Finalmente, en una decisión valiente por parte de la compañía, se decidió comenzar una nueva solución y trabajar en una nueva implantación del nuevo sistema un año después.

Quiero decir, todas estas buenas prácticas tienen un impacto real en nuestros clientes y en la rentabilidad de nuestro trabajo.

{ #25 - Trabaja concentrado }

—

En otro hábito hemos hablado sobre la necesidad de trabajar «productivamente», esto es, aprovechar al máximo el tiempo disponible para obtener mejores y más resultados y con menos esfuerzo, o lo que es otra versión de lo mismo: trabajar la mayor parte del tiempo en aquello que aportamos realmente más valor.

El psicólogo Mihaly Csikszentmihalyi, profesor en la Universidad de Claremont (California), acuñó el término «flow» (fluir) como un estado mental en el que estamos tan concentrados en una tarea que se nos olvida hasta el concepto mismo de tiempo. Es en esos momentos cuando mejor podemos desplegar nuestra creatividad y realizar el mejor trabajo posible.

Detecta en qué actividades «fluyes» según esta definición y sin duda descubrirás tu pasión y vocación (y, por tanto, tus talentos).

No hay duda de que cada persona consigue esos momentos en aquellas actividades que más le gustan y motivan. Supongo que estás leyendo este libro porque eres programador y porque es una actividad que adoras y que tienes cierta vocación para ello.

Debemos conseguir el mayor número de esos «momentos

flow» a lo largo de nuestra jornada laboral. Quizá cada uno dure una hora o menos, pero es que es en esos periodos de tiempo en donde estamos realmente concentrados. No se puede hacer bien una actividad creativa (como escribir, dibujar, componer, programar...) sin estar mínimamente concentrado. Lo vas pillando, ¿no? La dispersión mental y las interrupciones continuas con aniquiladores de la creatividad y de esos momentos en los que fluimos con lo que hacemos.

Esfuérzate en evitar las interrupciones indeseadas y en rodearte de un entorno en el que te puedas concentrar la mayor parte del tiempo. Buenos profesionales se arruinan por trabajar en un ambiente desesperadamente caótico, ruidoso, sin organización y sin capacidad para fomentar la más mínima concentración. Curiosamente, a muchos managers les gusta ver cierto bullicio en la oficina, como si así se trabajase más... Es cierto que en algunas actividades más manuales que mentales, se pueden realizar igual de bien sin estar apenas concentrado, pero para programar, necesitamos estar enfocados la mayor parte del tiempo, no hay más.

No en vano, piensa en alguna etapa de tu vida con algún problema personal, cuando tenías la cabeza en él y te resultaba difícil concentrarte en cualquier otra cosa. Esa etapa seguramente no rendiste en tu trabajo del mismo modo.

Cuanto más concentrado estés, más productivo serás (y al revés); y también, cuanto más productivo seas, más tiempo dispondrás (¿acaso la vida no está hecha de tiempo?). Piensa en la cantidad de horas que pierdes durante semanas y meses por interrupciones estúpidas e improductivas.

La clave de hacer un trabajo mejor no es trabajar más horas, sino en estar más concentrado.

No es fácil darse cuenta de que un proyecto realizado en un entorno donde no se respetan momentos de relativa calma y silencio, en donde cualquiera se siente con derecho de disponer del tiempo de los demás y en donde todo tiene que estar para antes de ayer, sin duda sea un proyecto que generará más costes y será de peor calidad, y, cuando se presentan los problemas, el dedo siempre señala a la falta de capacidad de los técnicos y no a un ambiente mejorable para que trabajen más centrados y concentrados y con menor dispersión. ¿Cuesta mucho darse cuenta de esto?

Es tu responsabilidad tratar de trabajar la mayor parte de tu tiempo concentrado.

{ #26 - Identifica los «bad smells» }

—

Los «bad smells» (o «malos olores»), también denominados «code smells», son defectos bien conocidos que hacen que tu código sea menos legible y mantenible, favoreciendo un peor diseño y, por tanto, configurando un software más costoso de mantener. Acumula demasiados «bad smells» en tu solución y tienes la puerta abierta al caos, esto es, un proyecto software difícil de mantener y de evolucionar.

Aprendemos cometiendo muchos errores, aunque, con el tiempo, te das cuenta de que haciendo esto o lo otro de cierto modo, la solución termina siendo peor y se presentan ciertos problemas.

Estos defectos del código son bien conocidos y, al resolverlos, ganamos en mejor diseño y un código más fácil.

Apuesto a que te has encontrado en ocasiones con una clase de cientos de líneas de código, que implementa funcionalidad conceptualmente diferente y que sospechas que está más estructurada. O varias funciones que reciben el mismo conjunto de parámetros, cuando no, demasiados parámetros.

O métodos excesivamente largos que se podrían sintetizar con métodos más pequeños o creando clases de ayuda para resolver miniproblemas.

¿Qué crees que será más sencillo de testear? ¿Clases con métodos extraordinariamente largos o clases con métodos más pequeños y concretos?

Igual que las técnicas de código limpio y de «refactoring», los «code smells» más habituales tienen también sus propios nombres y descripciones, como «data clumps», «large class», «data class», «dead code», etc.

Lo curioso de estas técnicas es que no te hace falta conocer qué hace el proyecto para darte cuenta de que esto y lo otro «apesta» un poquillo y, por tanto, es susceptible de mejora.

Insisto, no queremos la excelencia académica en nuestro proyecto software, a menos que sea un proyecto propio con el que persigas eso precisamente, sino que lo que queremos es un proyecto que entregamos a un cliente (o a muchos si se trata de un producto) fácil de mantener (y barato, que es lo mismo) y sencillo también de evolucionar (añadir más características o modificar las existentes).

Evita los «code smells» a toda costa.

{ #27 - Trabaja en proyectos personales }

—

Me considero un emprendedor digital desde 2006, cuando comencé a realizar mis primeros proyectos propios en Drupal (incluidos los de escribir libros, que los enfoco como si fuesen también proyectos). Durante este tiempo, he trabajado para varias compañías como empleado y también como «freelance», pero siempre, además de mi dedicación principal a tiempo completo, siempre, digo, he estado trabajando en paralelo en mi tiempo libre en proyectos personales.

Y creo que esta actividad «extra» me ha enriquecido enormemente, y, por esa razón, quiero compartir lo que he aprendido.

Cuando dedicas tu tiempo principalmente para una compañía, lo más probable es que te enfoques en las mismas tecnologías, el mismo tipo de productos y que los clientes sean muy similares.

Esto puede estar bien para quienes no tienen ciertas inquietudes y se sienten cómodos haciendo el mismo tipo de trabajo un año tras otro; o puede ser incluso ideal para principiantes.

Puede que haya arquitectos que estén cómodos diseñando siempre el mismo tipo de edificios, o médicos practicando siempre un único tipo de operación. No obstante, ya sabemos que la industria del software y sus mercados relacionados cambian a una velocidad ciertamente pasmosa de modo que con esta dinámica rutinaria se corre el riesgo de convertirse en candidato para el cementerio de dinosaurios tecnológicos.

R.I.P.

Si queremos salir de nuestra zona de confort técnica, para muchos no tenemos otra alternativa que realizar de vez en cuando alguna prueba de concepto con esas tecnologías que nos gustaría conocer mejor, fuera de tu horario laboral o, si tienes suerte y tu compañía te lo permite, dedicando algunas horas a la semana a conocer temas nuevos (creo que hay pocas que tengan esta filosofía).

Conocer algo nuevo no es cuestión de leer un tutorial o un blog interesante, ni siquiera leerte un buen libro sobre el tema. Esto está bien pero no es suficiente. Sin ir más lejos, lo que estás leyendo en estas páginas no te va a servir de nada si no lo practicas.

Nada es más constructivo y pedagógico que profundizar con una nueva tecnología al realizar un proyecto completo y ponerlo a disposición del mercado. Esto es hoy más que nunca viable y barato de realizar, pero para ello tendrás que dedicar tiempo y también algunos euros.

Tanto si tienes inquietudes emprendedoras como si no, si quieres conocer una nueva tecnología, plantéate un proyecto que pienses que pueda ser viable, y después pasa a la acción. Sabiendo que lo tendrás que poner a disposición de los usuarios, te lo tomarás mucho más en serio que un simple hobby. Aunque si para ti es una actividad lúdica para pasar el tiempo, también está bien, claro, aunque, como digo, saber que otros usuarios lo van a ver y utilizar, impone cierto respeto que hace que tu compromiso sea mayor.

Con el tiempo, así puedes además hasta enriquecer tu currículum (no eres lo que dices que eres, sino lo que demuestras que has hecho) y aumentar tu valor como profesional.

Se puede producir también un efecto secundario interesante: algunos de esos proyectos que has emprendido pueden funcionar y convertirse en parte de tu actividad profesional generando ingresos.

No tengo ningún estudio estadístico que me lo confirme, pero los mejores profesionales que he conocido (en mi opinión), siempre han sido personas inquietas y que siempre están atareadas con proyectos en su tiempo libre de esto y lo otro.

Actúa si quieres conocer algo nuevo: no solo leas y te informes, plantea un proyecto, termínalo y publícalo. Este es el mejor modo de aprender en profundidad algo.

No en vano, y lo puedo afirmar con cierto orgullo, algunos

de mis proyectos personales, a día de hoy, forman parte de mi actividad profesional (generándome ingresos).

Comprométete con un proyecto en el que crees y lánzalo.

{ #28 - Testea hasta la saciedad y evita el «happy path» }

—

El buen desarrollador de software no se fía ni de su abuela.

Quiero decir, sabe programar código testable (su diseño no tiene nada que ver con aquel software que hace lo mismo pero sobre el que es difícil crear pruebas), y, además, no duerme tranquilo sin saber que existen suficientes tests que demuestran que todo funciona perfectamente.

El programador con poca experiencia, de probar, suele testear lo que se denomina «el camino feliz», esto eso, sabe lo que sí funciona, y, por tanto, si hace un test, eso es precisamente lo que prueba. Los tests optimistas son un autoengaño que en ocasiones nos tranquilizan porque nos quedamos tranquilos al hacer algunas pruebas, pero me temo que no son suficientes.

El desarrollador profesional lleva hasta el límite lo que ha hecho y lo prueba hasta la saciedad tratando de encontrar fallos y vulnerabilidades y, para ello, hay que poner en aprietos el mismo código que hemos hecho nosotros. De no hacerlo, dejas la semilla plantada para que aparezcan bugs en el momento menos pensado.

En un entorno ideal, existen miembros del equipo con el rol de testers, pero me temo que esto es menos habitual de lo que nos gustaría. Es muy probable que sea el mismo programador el que realiza tests sobre su propio código, algo que no es del todo el mejor escenario posible. Una opción mejor es que sea un compañero el que realice tests sobre tu código y al revés, ganando en objetividad.

Demuéstrame que tu código funciona.

¿Cómo?

Exacto, con cinco líneas de tests por cada línea de código productivo (esta proporción es una intuición propia). Pero con pruebas de calidad, no las que sabes que van a funcionar correctamente desde un principio. Si no puedes mantener esta proporcionalidad, entonces me temo que tu código no es testeable, y, por tanto, te recomiendo que leas mi anterior trabajo «El Libro Práctico del Programador Ágil» o clásicos como «Clean Code» y «Refactoring: Improving the design of existing code».

Caemos en la tentación de realizar tests que sabemos a priori que van a funcionar. Pero realizar pruebas no consiste en eso, sino en demostrar que lo que hemos desarrollado se va a comportar correctamente ante cualquier situación, ahora y cuando el proyecto evolucione con más características en el futuro (y seguro que lo hará).

Piénsalo, y si bien eres un programador que testea su

propio código como si tienes un rol de tester, pon al límite y contra las cuerdas el código que estás cubriendo.

Evita el «happy path».

{ #29 - Hazte experto solo en algunas algunas áreas }

—

Tenemos la impresión (y también sentimos la presión), de que necesitamos ser gurús tecnológicos para pintar algo en nuestra industria.

Nada más lejos de la realidad.

Hay quienes, ajenos a la realidad de nuestro sector, piensan que debemos saber tanto de administración de sistemas como de bases de datos, tanto de C# como de Java o, lo que es peor, tanto de Linux o Windows como de Word y Access, también de impresoras, de redes, de móviles... Incluso habrá un responsable en la empresa que pensará ingenuamente que si conoces MySql, entonces automáticamente eres también experto en MongoDB, Oracle, etc.

Admitámoslo: para ser un gran profesional no necesitamos saber de todo (lo que es imposible), pero sí debemos especializarnos en ciertas áreas y ser rematadamente buenos en ellas.

Si lo tuyo es la administración de bases de datos Oracle y Sql Server, métete a fondo, colócate en ese 5% que forman los mejores.

Si te atrae más ser un «fullstack developer», perfecto, pero no trates de conocerlo todo de todos los «stacks» más populares. Especialízate en uno y sé de los mejores en él.

¿Qué haces la mayor parte de tu tiempo? Eso es, trabajar ejecutando e implementando proyectos con las tecnologías que conoces. ¿Cuánto tiempo dedicas a formación? Mucho menos. ¿Lo pillas ahora?

Y sobre todos los demás temas que no conoces ni de lejos... ¿a quién le importa? Tan solo trata de estar al tanto de la actualidad del sector, picoteando un poco por aquí y por allá, leyendo de vez en cuando artículos, blogs o tweets, pero no caigas en el error de querer ser un gran especialista (o aparentarlo) de multitud tecnologías, porque, además de ser imposible, genera muy poca credibilidad.

No digo que no existan gurús así, claro que los habrá, pero para el resto de los mortales (ese 99.99999...%), ya tenemos bastante con disfrutar con un grado de conocimiento y experiencia altos de un grupo de tecnologías contadas con los dedos de la mano.

Yo desconfío (no sé exactamente por qué, quizá lo hago instintivamente) de quienes hablan con demasiado aire de suficiencia sobre un gran grupo de asuntos y tecnologías diferentes, también de esas compañías que parece que son expertas en tantas otras.

Hoy más que nunca existe tal dispersión de tecnologías que es inevitable que sobrevivamos siendo especialistas de apenas un grupo reducido de ellas. Y cada año surgen nuevas: más servicios en la nube, nuevos stacks, nuevas versiones de frameworks, nuevos servicios de terceros interesantes y populares, contenerización, que si «blockchain», IoT, «machine learning», IA…, vale, paro.

(Por cierto: en mi opinión, el mejor profesional es aquel que «crea» nuevas tecnologías).

Haciendo un ejercicio de humildad y honestidad, puedo decir que me considero experto en cuatro tecnologías o áreas, conozco algo de muchas otras y del resto no tengo ni idea.

Lo repito: No Tengo Ni Idea. Ni falta que hace. Pero de esas cuatro que comento, me considero extraordinariamente experto.

No está tampoco mal ser un profesional común (o del montón), pero es mucho mejor ser un gran profesional de un nicho particular, y lo que no te va a llevar a ninguna parte es querer saberlo todo de todo (eso solo lo hacen los ingenuos o solo lo aparentan los pretenciosos).

Aún recuerdo aquella vez que contratamos a un experto de Microsoft en Sql Server que vino desde Amsterdam a nuestras oficinas durante dos días para ayudarnos en un proyecto multimillonario.

Nos cobraron unos veinte mil euros, y su trabajo, bien que lo mereció.

{ #30 - Lee, continuamente }

—

No hace mucho leí sobre una estadística que decía que en mi país (España) se gastan tres euros en loterías y apuestas por cada uno en libros y formación.

Nos guste o no, nunca vamos a vivir de nuestra profesión con solo aquello que hemos aprendido en la etapa académica. Se continúa aprendiendo siempre.

Recalco: continuamos aprendiendo «continuamente», forma parte de nuestra profesión.

Esto está pasando en muchas otras actividades, entre otros motivos porque ¡surgen nuevas profesiones!, valga la redundancia.

Yo terminé de «estudiar» en la universidad en 2002, cinco años más bien difíciles en la carrera de Ingeniería Superior Informática. No hay que ser muy espabilado para darse cuenta de que si desde entonces he «vivido» de mi profesión, pasando además por diferentes roles, ha sido por una base (más bien pequeña, la que aprendí antes de ese año) y muchísimo nuevo conocimiento que he ido adquiriendo «continuamente» hasta el día de hoy.

Otra verdad de las que duelen: tenemos que acostumbrarnos a dar por obsoletos conocimientos que ya no valen en el mundo de hoy, y a pesar del esfuerzo o dinero que nos costara adquirirlos. Esto forma parte del juego. Yo lo veo así (quizá un poco para animarme al respecto): esos conocimientos que ya no valen, nos sirven para adquirir otros más rápidamente y actualizarnos con menos esfuerzo. Esta realidad dinámica no solo no va a cambiar, sino que se va a acelerar (no lo digo yo, sino que es lo que dicen todas esas personas y autores que respeto y que hablan sobre el tema).

Tanto es así que, en esencia, nuestra actividad se sustenta en «saber aprender»: nuevas técnicas y tecnologías, nuevas habilidades y hasta nuevas profesiones.

Por esa razón, me sorprenden los profesionales que leen poco o nada.

Por si no lo sabes, la lectura es nuestra mejor herramienta para conocer a fondo algún tema.

Está bien y también es enriquecedor leer blogs, escuchar podcasts y ver videos instructivos (yo lo hago todo el tiempo), pero esto es necesario pero no suficiente: opino que el mejor profesional no solo recurre a esas fuentes, también asiste a seminarios o webinars (gratuitos y de pago) y, cómo no, invierte dinero al adquirir libros relevantes del sector.

Aconsejo tener siempre entre manos un buen libro de cualquier tema que te interese y en el que quieras profundizar. En ningún blog se va a profundizar tanto en un asunto como en un libro específico sobre él. Es más, la mayoría de los blogs implementan el concepto de «marketing de contenidos» como forma de atraer usuarios que, finalmente, adquieran sus productos, esto es, pueden ofrecer contenidos de calidad, pero siguiendo esa estrategia de ventas, nunca van a ofrecer sus mejores contenidos.

Contabiliza también las lecturas que realizas durante el año. ¿Quién crees que se convierte en mejor profesional? ¿Alguien que ha leído cincuenta libros durante el año pasado o quien no ha leído ninguno?

¿No crees que el primero, al cabo de los años, será un profesional infinitamente mejor y más demandado?

Hoy más que nunca tenemos opciones de leer sobre cualquier tema y a unos precios asequibles. Yo voy a todas partes con mi Kindle, y todavía hoy me pregunto cómo tardé tanto en comprármelo (de hecho, este es el segundo que tengo).

Considéralo del siguiente modo: leer forma parte de tu trabajo. Punto. Si es cierto eso de que todo está escrito ya, tan solo tienes que localizar correctamente lo que aún te falta por aprender. Cuando tengas algún problema, entonces es que aún no has dado con la lectura adecuada. Míralo de ese modo.

Nada ha sido para mí tan enriquecedor y tan motivo de cambio personal y profesional como todas las lecturas acumuladas durante tantos años.

Este es otro patrón que he descubierto por mí mismo: los mejores profesionales leen, y mucho, sobre los temas en los que se consideran «buenos profesionales».

{ #31 - Comienza por lo que aporta más valor }

—

Sin duda eso es lo que hacemos los desarrolladores de software: aportar valor a otros, o lo que es lo mismo, crear una solución de utilidad con la que resolvemos un problema para un cliente. En esencia, como cualquier actividad profesional, resolvemos problemas.

Si lo miras así, en realidad nuestra profesión no consiste en «programar» (o cualquier actividad relacionada), sino en «resolver problemas para clientes», y para ello «programamos», de modo que cuantos más problemas a más clientes resuelvas, mejor te irán las cosas y más brillarás tu carrera profesional.

Cuando comenzamos un proyecto, se nos olvida a menudo este punto de vista, de modo que caemos fácilmente en la tentación de comenzar a implementar partes residuales de la solución pero que nos atraen más, en lugar de poner todo el peso en un principio en lo que más va a valorar el cliente final; incluso hay quien juega por capricho con lo que le «mola» más. Esto no debería pasar en una organización que utilice algún tipo de metodología para ordenar las fases de desarrollo y la implementación de características.

Dale al cliente rápidamente aquello que más necesita, deja lo trivial y otros detalles para más adelante; si el cliente es nuevo, esto hará que multiplique por diez la confianza en ti, porque le estás entregando pronto algo que valora mucho. Piensa en lo contrario, que pasan meses y meses en los que el cliente solo ve avances en áreas que son relevantes pero no son las más importantes; entonces, su percepción sobre el proyecto será diferente y comenzará a ponerse nervioso.

Lo mismo ocurre si trabajas en un proyecto personal o emprendedor. En el momento de escribir esto, he fundado Hub de Libros (www.hubdelibros.com) y tenemos claro que la primera gran funcionalidad, la que aporta mayor valor, es la de que los autores puedan crear fácilmente sus páginas de autor (adivina en dónde estamos poniendo todos los esfuerzos inicialmente).

Establece los cimientos del proyecto y tanto si eres el jefe del mismo como un desarrollador con capacidad de decidir qué implementar en primer lugar, elige siempre lo que percibas como más importante para el cliente y entrégaselo cuanto antes.

{ #32 - No fomentes islas de conocimiento }

—

Este es un patrón que, lamentablemente, he encontrado a menudo y que creo que hace muchísimo daño en nuestro sector, por eso lo incluyo como un hábito (más bien un anti-hábito).

Hay quienes tienen la tentación de pensar que si son ellos las únicas personas que dominan algo en concreto en la empresa o en el departamento, los únicos que entienden sobre ese tema esencial o los únicos a los que la empresa puede recurrir para resolver tal problema, entonces tienen asegurado un puesto de trabajo (se han parapetado en él y, sin darse cuenta, están cavando su propia tumba profesional).

Estas personas están lejos de conocer lo más mínimo todas esas «habilidades suaves» («soft skills») de las que he hablado anteriormente.

Y también son personas inseguras y con muy baja autoestima, me temo.

La seguridad de un buen profesional no está en apropiarte para ti solo algo que nadie más en tu organización puede hacer, creyendo que así vas a conservar tu puesto, tu estatus o lo que sea de por vida. La auténtica seguridad consiste en saber que puedes resolver problemas porque tus habilidades y actitudes te lo permiten, nada más, de modo que el buen profesional no huye de nuevos retos (que vienen siempre disfrazados de problemas) sino que los afrontan con la energía de la superación personal.

Apropiarte de una isla de conocimiento, además de mezquino, te hace débil, porque te está impidiendo que puedas crecer profesionalmente y, créeme, cualquiera terminará dominando aquello que quieres proteger a menos que se lo proponga.

Yo caí una vez en este error (hace mucho, ¡eh!), y de hecho hablo de este episodio en «El Libro Negro del Programador». ¿Resultado? Me di cuenta de que «ser el único que sabía hacer aquello» me estaba bloqueando en la escalera corporativa y limitando mi crecimiento. Tomé nota y reaccioné a tiempo.

Visto desde otro ángulo, si tienes responsabilidades sobre un equipo, impide que existan islas de conocimiento, es un riesgo que te puede pasar factura, a ti y a tu organización.

{ #33 - Lee proyectos realizados por otros }

—

Leer unos artículos sobre un tema que te interese, hasta comprar un libro y leértelo de principio a fin en un fin de semana, ver un par de videos de alguien de Google y que habla también sobre ese tema, está muy bien. De hecho, es fantástico y necesario.

Pero está aún mejor y es un paso más allá, ver cómo otros han implementado un proyecto de verdad en GitHub u otros repositorios públicos similares.

Reconozco que he aprendido mucho husmeando proyectos en GitHub, sobre todo de Node, analizando cómo los autores han planteado esto y lo otro, de modo que, al final, para muchos detalles he terminado copiando todas esas buenas prácticas que he visto que hace la «comunidad» que sabe más que yo sobre el tema.

Ver un proyecto software creado por otra persona es para mí de lo más enriquecedor, es como aprender por ingeniería inversa.

En literatura ocurre exactamente lo mismo: aprender a escribir mejor leyendo a quienes consideramos mejores autores o a quienes queremos emular. En software es igual, aprendemos leyendo el trabajo de otros.

También es verdad que te encuentras de todo así como proyectos a medias, sin tests y mal planteados, algo que, si lo piensas, también sirve para desarrollar ese sentido de lo mejorable.

Elige un tema cualquiera que te interese, por ejemplo «reconocimiendo de imágenes», busca en GitHub y comienza a aprender de inmediato aspectos relacionados con ese concepto (librerías, servicios de terceros, artículos de referencia, etc.).

Y también sucede al revés: publica tú mismo un proyecto y espera a que te vengan a señalar defectos («issues») y mejoras (otra forma de aprender), y hasta la petición de inclusión de cambios porque alguien lo quiere usar.

{ #34 - Trabaja siempre en tareas planificadas }

—

Lo sé. El entorno donde trabajas es un caos, tu jefe te dice que esta nueva tarea tiene que estar completada para antes de ayer, de repente te llaman para una reunión improvisada y tienes al teléfono a un cliente pesado que te llama tres veces cada día.

Tanto si tu dinámica de trabajo se parece a la anterior como si no (espero que no te sientas demasiado identificado), un buen profesional tiene que trabajar en un entorno mínimanente organizado.

Y planificado.

Se organizan los roles y responsabilidades, las prioridades y la forma de trabajar, pero se «planifican» las tareas concretas que se derivan de todo lo anterior.

Una planificación viene dada por un objetivo concreto, un responsable y una fecha de finalización. No hace falta nada más.

Seguramente tú no eres el responsable de establecer esta planificación en tu organización; si no existe, tienes problemas, y serios, y si tú tienes capacidad de crear una planificación y no lo haces, también.

Planificar cualquier trabajo es como tener un presupuesto: en él incluyes aquellas partidas a las que les das prioridad antes que a otras.

Extrapolando este concepto... ¿Gastas más en salidas que en alimentación para el hogar? ¿Te cuesta más tu club de golf que las tareas extraordinarias o el colegio de tus hijos? El presupuesto te lo va a revelar.

Sucede lo mismo con la planificación; si no se hace, entonces no se hace el ejercicio claro de «qué es en los próximos días lo más importante para la empresa». Si eres freelance y trabajar para ti mismo, recuerda que tú eres «tu propia empresa».

Planificar es discernir entre lo importante, lo urgente y lo menos relevante y agendarlo en el tiempo.

Sin una mínima planificación, solo hay un escenario posible: el caos. Decide si quieres vivir en él o en un entorno con las prioridades claras y los objetivos bien definidos.

Hay quien vive bien en entornos no organizados (en ellos es más difícil asumir responsabilidades cuando los problemas explotan), pero los buenos profesionales saben que solo se puede hacer un buen trabajo cuando se está bajo el paraguas de una buena planificación.

Lo mismo en lo personal: planifica tu día, indica las tareas que vas a realizar y ve tachándolas una tras otra.

La productividad se asegura dando un paso atrás, analizando las prioridades y determinando las tareas y su orden a realizar durante el próximo día o semana.

Trata de que casi todo lo que realizas, ha sido planificado anteriormente; esto multiplicará tus resultados.

{ #35 - Piensa y trabaja para el cliente }

—

En otro hábito he comentado la necesidad de comenzar por lo que aporta más valor a tu cliente. Eso es importante y necesario, aunque no suficiente.

Un buen profesional no hace en un proyecto lo que le gusta más (aunque no sea de utilidad real para el cliente), ni siquiera realiza siempre «todo» lo que el cliente cree que necesita.

Tenemos que ponernos en la piel del cliente, conocer su negocio lo mejor posible, detectar incluso necesidades que tiene y de las que no se da cuenta.

Esto es, el cliente no siempre tiene claro los problemas que tiene que resolver, nos necesita más de lo que pensamos para determinar correctamente lo que en realidad necesita. Piénsalo.

En un entorno ideal, existen un analista funcional o un «product owner» que constituyen roles que deben realizar esa tarea, pero es posible que trabajes por tu cuenta y seas tú mismo quien esté en contacto directo con el cliente.

Ayudar a un cliente no es solo implementar el proyecto que éste ha especificado mejor o peor, es ponerte en su lugar, conocerlo bien y plantearle soluciones que puede que estén lejos de sus planteamientos iniciales. Esta actitud es la que hay que mantener no solo al principio del proyecto, sino durante todo el mismo.

Hazlo así y te aseguro que tendrás la confianza de tu cliente al poco tiempo, porque ya no te verá como un proveedor al que encargarle un trabajo de cualquier tipo, sino como una parte pensante de su organización que busca resolverle problemas.

Me encanta contratar a alguien para cualquier tipo de trabajo y que me sorprenda dándome una mejor solución que a mí no se me habría ocurrido nunca. ¿A quién crees que voy a llamar de nuevo cuando tenga otro problema similar? ¿De quién voy a dar referencias positivas? Adivínalo. Exacto.

Vístete con el traje de tu cliente, compréndelo y fidelizarás así no solo el trabajo de ahora, sino el del futuro.

{ #36 - Invierte en tu formación }

—

Ya hemos comentado en otro hábito al importancia de leer como parte de nuestra actividad profesional.

Nunca en la historia ha sido tan barato aprender, tanto es así que la información es más accesible que nunca y su formato se presenta de todas las formas posibles (videos, textos, audios, suscripciones, etc.). No en vano, el «marketing de contenidos» es una herramienta más de atracción comercial: te enseño algo a cambio de que te intereses por mis productos.

Por otra parte, opino que, en ocasiones, los contenidos realmente buenos o los cursos que te pueden ahorrar muchas horas y otras tantas de lecturas, no son gratis, de modo que podemos optar por gastar (invertir) en ellos si queremos más y mejores resultados (y antes).

Esto es, debemos contar con un presupuesto para formación. Tanto si es en la compra de MOOCs, seminarios presenciales, cursos reglados y homologados, masters o certificaciones, dedicar parte de tus ingresos a seguir formándote puede ser tu mejor inversión.

Yo reconozco que me formo principalmente leyendo

libros, pero también gasto varios cientos de euros al año en formaciones de pago (y pienso que quizá sea poco), según mi disponibilidad y los temas en los que esté interesado en cada momento, pero sé que tengo que dedicar parte de mi presupuesto a esa área. También estoy subscrito a Packt Publishing y creo que es en lo mejor en lo que me puedo gastar en dinero.

Piénsalo: ¿no daría que pensar que nos gastemos más dinero en cervezas con los colegas que en tu propia formación? Es una cuestión de prioridades, y también de encontrar un cierto equilibro.

Como buen español, me gusta una cerveza en el bar de mi barrio, pero como buen profesional, dedico mucho más presupuesto a mi formación continua como profesional.

{ #37 - Aplica la mejora continua }

—

«Si no mejoras, es que empeoras». Pero tranquilo, este principio vital no te tiene que causar tampoco un estrés excesivo.

Soy un gran seguidor de la mejora continua, tanto en lo personal como en lo profesional; no es que esté obsesionado, tampoco busco un perfeccionismo enfermizo en todo, ni mucho menos, pero sí entiendo que querer mejorar continuamente es una actitud positiva y enriquecedora en todos los ámbitos de la vida.

Comprendí hace tiempo que la perfección no es más que una utopía cuyo único propósito consiste en señalarnos la dirección que seguir.

A veces nos preguntamos cómo tal persona ha podido llegar a lo que es hoy, o cómo tal empresa está obteniendo los resultados que admiramos. O todo lo contrario: cómo aquel amigo de la universidad ha terminado tan mal, en cualquier sentido, alcoholizado y sin trabajo (es tan solo un ejemplo algo extremo).

Solo existe una respuesta: poco a poco.

Alimenta un espíritu continuo de mejorar cada día, tan

solo un aspecto, aunque sea pequeño e insignificante. Lo importante es tener esa actitud consciente de mejora; y no importa el ritmo, sino la dirección.

Reconozco que escribir un libro, como este, no es una tarea sencilla y exige muchas horas de dedicación y hasta de documentación que, además, compatibilizo con muchas otras actividades, ni hablar con los asuntos domésticos y familiares.

También reconozco que no tiene un mérito excesivo: tan solo un poco de disciplina y un compromiso personal por acabarlo en tal fecha y realizar hasta cinco revisiones exhaustivas del texto. Esto se traduce en muchas tareas, muchísimas, que yo mismo me planifico en mi Wunderlist (una aplicación web muy sencilla de gestión de tareas).

¿Y cómo las hago? Ya lo sabes, poco a poco; hoy una hora, el fin de semana quizá dos, ese viernes por la tarde en el que tengo algo más de tiempo, quizá cuatro, pero siempre así, cada día un paso adelante aunque sea de tan solo unos centímetros.

La mejora continua consiste en eso. En avanzar al ritmo que puedas, en los asuntos que te interesen, pero avanzar al fin de al cabo.

No se trata de mejorar «porque sí», además tienes que tener clara la dirección, la meta última.

¿Quieres ser escritor técnico en dos años? ¿Quieres trabajar de experto en IA? ¿Quieres correr la próxima maratón de tu ciudad?

Entonces ya sabes cómo: teniendo el destino claro, ya solo te falta echar a andar.

Cada día un poco. Pero «cada día». Ni te imaginas el poder que existe en dedicar cada día aunque sea unos minutos a aquello que te motiva.

De acuerdo, ya sabemos que mejoramos a pasos, pero, ¿cómo comprobamos que es así? Desde hace unos años suelo llevar una contabilidad exhaustiva de los aspectos de mi vida que más me interesan y en los que creo que debo trabajar para crecer y mejorar: desde mi propio cuidado personal practicando yoga, running, etc., hasta la asistencia a webminars, lecturas, mis propias finanzas y proyectos terminados. De vez en cuando echo la vista atrás y comparo dónde estaba en esos temas hace doce meses y dónde estoy ahora.

Mejorar, signifique lo que signifique esto para ti, no es un capricho sino una necesidad en una sociedad con una economía cambiante y dinámica.

{ #38 - Cuida de los detalles }

—

«Como haces algo, así lo haces todo». Esta frase la he leído en varias ocasiones y creo que contiene la esencia de cómo proyectamos lo que somos en todo lo que hacemos en la vida, tanto en el ámbito personal como profesional.

Incluso hay un libro por ahí que afirma que los mejores profesionales comienzan el día con una clara y fuerte rutina desde el momento en que se levantan de la cama (se paran unos minutos a hacerla con todo el cuidado del mundo).

Me temo que hay quienes en el entorno laboral muestran una personalidad y en otros entornos (amigos, familia) otra totalmente diferente. Quizá en ambientes hostiles donde la escalera corporativa solo se sube a base de dar puntapiés a compañeros, esto tenga sentido.

Yo salí hace años de esa dinámica y no hay día que pase que no me alegre de ello.

No podemos ser diferentes personas en nuestra actividad personal y profesional; o lo que es lo mismo, si eres una persona meticulosa, lo vas a ser con tu pareja, tu casa y también en tu trabajo.

Los mejores profesionales son detallistas en muchos órdenes de su vida y se preocupan hasta el último detalle.

Es más, ante ofertas de competidores similares, un cliente

se va a decantar siempre por aquel que se distingue con esos pequeños detalles: un presupuesto mejor presentado, una oferta técnica con mejor diseño y mejores gráficos, etc.

Yo lo he comprobado en primera persona: una propuesta técnica presentada con mucho rigor pero también en un documento bien editado, con un buen diseño, claro, conciso y hasta atractivo, terminó por dar muy buenos resultados. ¿Habría sido igual si lo hubiese presentado en un simple correo electrónico? Para nada, esos detalles de diseño y contenidos bien trabajados decantaron claramente el resultado.

Siempre habrá las excepciones que confirmen la regla: genios con vidas personales y domésticas desastrosas, y otros que les gusta vivir en una casa ordenada hasta lo patológico mientras trabajan en un escritorio desordenado y lleno de basura. Me atrevo a decir que este perfil es tan solo algo residual.

Al final, nos distinguimos en muchos órdenes de nuestra competencia (otras empresas u otros profesionales del mismo nivel), por pequeños detalles.

Esa API un poco mejor documentada, esos ejemplos «un poco» mejor elaborados, ese correo algo mejor redactado, esa respuesta enviada un poco antes.

Cuida de los detalles, y éstos se asegurarán de colgarte el certificado de mejor profesional.

{ #39 - Aprende a ser criticado }

—

Cuando publiqué la primera versión de «El Libro Negro del Programador» en 2014 (después de haber escrito muchas otras cosas pero sin haber publicado ninguna), esperaba ansiosamente las primeras «reviews» en Amazon. Cuando fueron llegando, si eran buenas, me alegraban el día, pero si no lo eran, me dejaban un poco hecho polvo. Afortunadamente, y después de varios años y más de cien comentarios, la mayoría son positivas. Exactamente lo mismo ha pasado con el resto de mis libros y mis dos novelas.

Y exactamente lo mismo ha pasado cuando les he presentado a multitud de clientes productos en los que he participado (y que pienso que son excelentes): a unos les ha gustado mucho, pero, con otros pocos, te sientes como si te hubieran dado una patada en la boca del estómago.

Con los años he aprendido que la crítica es consustancial a cualquier cosa que hagas y que «expongas» a un público relativamente amplio.

Sin embargo, esa posibilidad de ser criticado, mantiene a muchos lejos de desarrollar sus talentos y exponerlos al máximo. No permitas que esto te ocurra.

Tanto si lo que haces es bueno como si no, siempre puedes tener críticos malintencionados: en tus repositorios en GitHub, en tu blog personal, en tu entorno laboral si comienzas a destacar, etc.

Te vas a encontrar con buenos críticos (los que te ayudan a crecer y a mejorar, siempre aportando algo constructivo) y con malos críticos (quienes tratan de herirte en lo personal y de echar abajo tu trabajo por pura envidia).

Atiende a los primeros, e ignora a los segundos.

Sé que lleva un tiempo asimilar esto, pero cuando te conviertes en un buen profesional, terminas aceptándolo.

Utiliza la crítica útil de otros como fuente de información para mejorar.

Cuanto mejor profesional seas, más vas a suponer una amenaza con tu sola presencia a otros «profesionales» mediocres. Esta es una realidad humana incuestionable. Aprende a sobrellevarlo y aprende también que es un pequeño precio que debes pagar por tu desarrollo personal y profesional.

Observa quién te critica de forma excesiva e injustificada, comprobarás por ti mismo que casi siempre son personas que, en el fondo, se están diciendo a sí mismas algo como «joder, yo no soy como este tío (tía) y estoy lejos de ser o de hacer lo que es y lo que hace».

No dejes que la crítica destructiva te arruine, sigue tu

camino aunque no le gustes a todo el mundo. Ni siquiera a tu suegra.

Olvida también la necesidad de complacer a todos, porque, tanto eso como evitar recibir críticas en algún momento, es, sencillamente, imposible.

Utiliza la crítica constructiva como una herramienta más con la que mejorar.

{ Para terminar }

—

Me considero un programador profesional y vivo de esta actividad desde hace más años de los que recuerdo. Como habrás comprobado, este libro no solo habla de software, de cómo crear mejor código, sin entrar en grandes consideraciones técnicas, sino que se centra en los hábitos que yo considero que hacen a un buen profesional.

Apuesto a que faltan otras rutinas, actitudes y hábitos que nos convierten aún en mejores profesionales, pero he seleccionado todos los anteriores por dos razones: la primera porque, personalmente, les doy más valor que a otros, y la segunda porque muchos de ellos son temas amplios en sí mismos de modo que te animo a que profundices en ellos buscando material adicional y específico (como todo lo relacionado con las «soft skills», refactorings, etc.). En la bibliografía tienes una amplia referencia.

Lee de nuevo el título de cada apartado, de principio a fin, y piensa si no vas a ser mejor profesional si incorporas a tu vida la mayoría de esas actitudes y hábitos.

Como he leído en ocasiones: «no hay desarrollo profesional sin desarrollo personal», y de ese concepto emana lo que he querido transmitir en las páginas anteriores.

Un trabajo técnico no es solo un trabajo técnico, detrás existen una serie de condiciones, habilidades cognitivas, organización y hasta una forma de aprender y mejorar que determinan el resultado de ese mismo trabajo.

Nada más gratificante para mí que saber que este breve trabajo te haya servido para mejorar algún aspecto de tu profesión y que estés más animado que nunca para seguir trabajando duro y acercarte cada día más al mejor profesional que puedas llegar a ser.

Puedes contar conmigo en contact@rafablanes.com así como pedirme que imparta en tu organización una charla o seminario sobre los libros ya publicados y temas que trato en mi web personal, nada me haría más ilusión.

Déjame pedirte un último un favor: si crees que las páginas de este libro breve que he escrito con tanto cariño y reflexión por mi parte, te han ayudado de algún modo, te agradecería un comentario positivo en la plataforma donde lo hayas adquirido, para que así esta información pueda llegar a más personas.

Gracias por acompañarme hasta aquí y nos seguimos viendo en www.rafablanes.com.

Rafael Gómez Blanes
Sevilla (España), octubre de 2019

{ El autor }

—

Empresario, desarrollador de software desde hace más años de los que me acuerdo, soy dueño de mi propia compañía (Blanes Medios y Tecnología SL). Actualmente trabajo principalmente como consultor y director de desarrollo de software y de negocio en Solid Stack (www.solidstack.es), empresa desde la que tratamos de establecer un paradigma de desarrollo basado en las buenas prácticas, buen ambiente de trabajo y, sobre todo, productos de calidad que hacen que establezcamos con nuestros clientes una relación a largo plazo.

Me titulé como Ingeniero Superior en Informática por la Universidad de Sevilla (España) en el año 2000. Desde entonces ha llovido mucho, he pasado por muchísimas experiencias laborales y profesionales y he visto cómo un gran número de tecnologías caían en la mayor obsolescencia mucho antes de lo previsto.

También emprendo proyectos propios de diversa naturaleza, como Picly.io, Green Kiwi Games, y, actualmente, mi proyecto estrella: www.hubdelibros.com.

Comparto mi actividad profesional y empresarial con la escritura en forma de artículos técnicos, que publico en www.rafablanes.com y en Medium, y también con la publicación de novelas bajo el seudónimo de G. Blanes (como «Patricia», «Las Trillizas y el Club de Escritura» más las que vienen en camino).

En 2014 publiqué «El Libro Negro del Programador», con una revisión en 2017, y que con frecuencia se sitúa como número uno en ventas en Amazon dentro de su categoría; en 2019 terminé «El Libro Práctico del Programador Ágil», una respuesta práctica al primero, así como «El Método Lean MP», una forma de sistematizar la implementación procedimental de negocios y actividades emprendedoras.

De las compañías en las que he trabajado, no muchas, a decir verdad, Telvent Energía (ahora perteneciente a la francesa Schneider Electric) marcó profundamente mi desarrollo profesional. Gracias a esa empresa, pude participar en proyectos de muchos tipos: nacionales e internacionales, de I+D+i, desarrollo de prototipos, tocando tecnologías muy diversas. Desde C++ hasta que adoptamos la primera versión de .NET framework (no más lagunas de memoria!!!). Pude trabajar programando en ocasiones durante doce horas al día y hasta fines de semana cuando los hitos apretaban. También tuve la oportunidad de participar en diversos equipos de trabajo, algunos de ellos internacionales.

Estuve desplazado en Suecia en 2006 durante año y medio en un proyecto para una compañía eléctrica, lo que me permitió ver de primera mano una cultura laboral diferente (aparte de hartame de bollitos de canela, meat balls y de pasar muchísimo frío). Tanto yo como mis compañeros, sufrimos muchas crisis en Gotemburgo en el proyecto para el que trabajábamos, pero las fuimos superando todas hasta atesorar una gran experiencia que ahora recordamos todos con mucho cariño. Si para progresar hay que salir de «tu zona de confort», entonces ya creo que salí de ella, y mucho en aquella época, hasta convertirse casi un hábito para mí hasta el día de hoy.

A partir de mi experiencia sueca, comencé a dirigir pequeños equipos de trabajo en los que decidía completamente la arquitectura y el diseño (y no lo digo con soberbia, todo lo contrario, ese papel viene de la mano de una gran responsabilidad), y también lo más relevante de los desarrollos. También empecé a participar en la redacción de licitaciones y a viajar a muchas partes del mundo incluidas las oficinas de Microsoft en Seattle, y también empecé a interesarme por todo lo relacionado con la cultura del open source y del desarrollo ágil y tratar de implantarlo en la compañía para la que trabajaba. Comenzaron mis primeras experiencias como freelance, emprendedor y como consultor externo que traté de compatibilizar fuera de mis responsabilidades laborales.

Ya por el 2010/2011 sentía que necesitaba un cambio de rumbo total en mi carrera profesional, de modo que la oportunidad se me presentó poco después. En 2012 dirigí la creación para Telecontrol STM (compañía muy ligada al sector eléctrico en mi país) de una oficina dedicada exclusivamente al desarrollo de software, con recursos, tiempo y equipo suficiente para desarrollar la Plataforma de Telegestión IRIS, un producto que a día de hoy está funcionando con éxito en diversos países: único producto, misma versión, en distintas instalaciones con sus particularidades y usando mucho el concepto de «Inversión de Control» para conseguirlo.

Desde entonces, toda mi actividad ha estado dedicada al desarrollo de productos (más que de proyectos que comienzan y terminan para clientes finales) y al emprendimiento de proyectos lo más escalables posible, con mayor o menor éxito, tratando de incidir en todas las buenas prácticas que detallo en este trabajo.

En 2017 decidimos realizar un proceso de re-branding y fundar una compañía de software de nombre Solid Stack en lo que era la división software de Telecontrol STM para que así no se nos ligara tanto al sector eléctrico.

De la mano de metodologías «lean», lanzamos a comienzos de 2018 un gran proyecto del que por el momento estoy muy orgulloso y que comencé yo mismo realizando un simple prototipo (MVP o «producto mínimo viable»); como ya he indicado antes, se trata de Picly, un servidor de imágenes al vuelo, todo un reto de desarrollo por tratarse de un producto ciertamente complejo, así como organizativo y de gestión. Picly está realizado en Node y utiliza como base de datos Redis. En Picly, utilizamos el método Lean MP para su gestión.

Del mismo modo, en estos últimos años me han contratado para realizar algunas charlas así como para impartir seminarios relacionados con el código limpio, refactoring, software ágil, testing y auditorías de calidad de proyectos, volviendo a sorprenderme de la falta alarmante de esta cultura en entornos profesionales.

Puedes encontrar algunos de mis repositorios de código en github.com/gomezbl y sin ninguna duda te puedes poner en contacto conmigo en contact@rafablanes.com.

Lector incansable, practicante de yoga y de running, soy padre de dos niñas maravillosas que intento que no se interesen demasiado por el desarrollo de software...

Estoy a tu disposición en www.rafablanes.com

{ Bibliografía }

—

"Code Complete: A practical handbook of software construction", de Steve McConnel.

"Código Limpio: Manual de estilo para el desarrollo ágil de software", de Robert C. Martin.

"Culture Decks Decoded: Transform your culture into a visible, conscious and tangible assset", de Bretton Putter

"Delegación y Supervisión", de Brian Tracy.

"El Código del Dinero", de Raimón Samsó.

"El Emprendedor Lean", de Brant Cooper y Patrick Vlaskovits.

"El Libro Negro del Emprendedor", de Fernando Trias de Bes.

"El Libro Negro del Programador", de Rafael Gómez Blanes.

"El Libro Práctico del Programador Ágil", de Rafael Gómez Blanes.

"El Método Lean Startup: Cómo crear empresas de éxito utilizando la innovación continua", de Eric Dries.

"El poder de los hábitos: Por qué hacemos lo que hacemos en la vida y en el trabajo", de Charles Duhigg.

"El Principio de Sorites", de Ian Gibbs.

"La Era de los Expertos", de Raimón Samsó.

"Lean Analytics: Cómo utilizar los datos para crear más rápido una startup mejor", de Alistair Croll.

"Libertad Financiera: Los cinco pasos para que el dinero deje de ser un problema", de Sergio Fernández.

"Los hábitos cotidianos de las personas que triunfan: ¿Eres búho, alondra o colibrí?", de Begoña Pueyo.

"Los 7 hábitos de la gente altamente efectiva", de Stephen R. Covey.

"Mapas Mentales", de Tony Buzan.

"Misión Emprender", de Sergio Fernández y Raimón Samsó.

"Móntatelo Por Internet: Cómo Emprender Tus Negocios Online, Ganar Dinero por Internet y Vivir La Vida Que Sueñas", de Victor Espig.

"Organízate con Eficacia", de David Allen.

"Patrones de Diseño", de Erich Gamma.

"Planifica Tu Éxito, De Aprendiz A Empresario", de Roberto Canales Mora.

"Pomodoro Technique Illustrated", de Staffan Noteberg.

"Refactoring: Improving the design of existing code", de Martin Fowler y Kent Beck.

"Running Lean: cómo iterar de un plan A a un plan que funciona", de Ash Maurya.

"Soft Skills: The software developer's life manual", de John Sonmez.

"Start Small, Stay Small: A Developer's Guide to

Launching a Startup", de Rob Walling.

"The Agile Samurai: How Agile Masters Deliver Great Software", de Jonathan Rasmusson.

"The Clean Coder: A code of conduct for professional programmer", de Robert C. Martin.

"The Nature of Software Development: Keep it simple, keep it valuable, build it piece by piece", de Ron Jeffries.

"The Pommodoro Technique", de Francesco Cirillo.

"The Pragmatic Programmer", de Andrew Hunt.

"Vivir con abundancia", de Sergio Fernández.

"Vivir sin jefe", de Sergio Fernández.

"100€ startup", de Chris Guillebeau.

{ Otros trabajos de Rafael Gómez Blanes }

—

El Libro Negro del Programador_

En 2014 publiqué la primera edición de El Libro Negro del Programador, con una segunda versión revisada en 2017. En ese primer trabajo, indicaba todas aquellas malas prácticas que hacen que un proyecto software termine en fracaso, desde las malas dinámicas de grupo y falta de metodología hasta por qué se produce la «deuda técnica».

En cierto modo, El Libro Práctico del Programador Ágil es la versión técnica de aquel primer libro que tan buena acogida ha tenido estos años.

Se puede adquirir en Amazon y en Google Play.

El Libro Práctico del Programador Ágil_

Una introducción al ciclo completo de desarrollo de software desde un enfoque ágil. Este libro reúne las prácticas más habituales de código limpio, refactoring, principios de diseño, testing y gestión de la configuración, junto con reflexiones acerca de la naturaleza creativa y artística del software y técnicas de productividad para desarrolladores. Si te gustó El Libro Negro del Programador, en este nuevo trabajo de Rafael Gómez Blanes, encontrarás las claves esenciales para cualquier programador profesional, con decenas de ejemplos extraídos de proyectos reales en C# y Javascript. Con presentación de Aurelio Gandarillas, experto en testing y calidad de software.

El Método Lean MP

Desarrollar un proyecto emprendedor, digital o no, es una actividad apasionante, creativa y la puerta para posicionarte como mejor profesional, mejorar tus ingresos y crecer. Pero... ¿qué ocurre una vez que has puesto tu proyecto a disposición de los usuarios? Las ventas nunca llegan solas. La gestión posterior al lanzamiento es igual o más importante que la solución, producto o servicio que ofreces. Siguiendo la metodología "lean", con el método Lean MP y su Matriz de Procedimientos, tienes una forma sencilla, práctica y ágil de gestionar, controlar y mejorar todos los aspectos de tu negocio, sin necesidad de un MBA de renombre ni de contratar a un CEO multimillonario.

Aprende a emprender

El método
Lean MP

Gestiona tu proyecto emprendedor de forma sencilla,
simple y eficaz mediante la Matriz de Procedimientos

RAFAEL GÓMEZ BLANES

Autor de El Libro Negro del Programador
y El Libro Práctico del Programador Ágil

Ediciones BMT

www.ingramcontent.com/pod-product-compliance
Lightning Source LLC
Chambersburg PA
CBHW021419210526
45463CB00001B/442